Martin Haller

Seltene Haus- & Nutztierrassen

2. Auflage

Leopold Stocker Verlag
Graz - Stuttgart

Umschlaggestaltung: Thomas Hofer, Reproteam-Druck GmbH., Graz

Die Deutsche Bibliothek – CIP-Einheitsaufnahme

Haller, Martin:
Seltene Haus- & Nutztierrassen : Martin Haller. – Graz; Stuttgart : Stocker, 2000
    ISBN 3-7020-0893-4

Hinweis:
Dieses Buch wurde auf chlorfrei gebleichtem Papier gedruckt.
Die zum Schutz vor Verschmutzung verwendete Einschweißfolie ist aus Polyethylen chlor- und schwefelfrei hergestellt. Diese umweltfreundliche Folie verhält sich grundwasserneutral, ist voll recyclingfähig und verbrennt in Müllverbrennungsanlagen völlig ungiftig.

ISBN 3-7020-0893-4
Alle Rechte der Verbreitung, auch durch Film, Funk und Fernsehen, fotomechanische Wiedergabe, Tonträger jeder Art, auszugsweisen Nachdruck oder Einspeicherung und Rückgewinnung in Datenverarbeitungsanlagen aller Art, sind vorbehalten.
© Copyright by Leopold Stocker Verlag, Graz 2000; 2. Auflage 2005
Printed in Austria
Gesamtherstellung: Druckerei Theiss GmbH, A-9431 St. Stefan

Inhalt

VORWORT ... 7

EINLEITUNG ... 8
Über Gattung, Art und Rasse ... 9
Die Organisationen ... 11
    Die Gesellschaft zur Erhaltung alter und gefährdeter Haustierrassen (GEH) ... 12
    Züchterverband Pro Specie Rara (PSR) ... 13
    Verein zur Erhaltung gefährdeter Haustierrassen (VEGH) ... 14

PFERDE ... 18
Tarpan ... 18
Arenberg-Nordkirchener / Lehmkuhlener Pony ... 19
Furioso / Przedswit ... 21
Gidran ... 23
Huzule ... 24
Jütländer Kaltblut ... 26
Kinsky-Pferd ... 27
Kladruber ... 29
Knabstrupper ... 30
Leutstettener ... 32
Lipizzaner ... 33
Nonius ... 35
Noriker (Farbschläge) ... 36
Rottaler ... 38
Schleswiger Kaltblut ... 39
Schwarzwälder Kaltblut ... 41
Schweres Deutsches Warmblut ... 42
Senner Pferd ... 44
Alt-Württemberger Warmblut ... 45

ESEL ... 47
Österreichisch-ungar. Albinoesel ... 47

RINDER ... 49
Auerochse ... 49
Angler Rind ... 50

Ansbach-Triesdorfer Rind	52
Braunvieh (Original-, Montafoner-)	53
Deutsch-Shorthorn	55
Ennstaler Bergschecke	56
Evolène-Rind	57
Glan-Rind	58
Hauswasserbüffel	60
Jochberger Hummel	61
Kärntner Blondvieh	62
Limpurger Rind	63
Murbodner Rind	65
Murnau-Werdenfelser Rind	66
Pinzgauer Rind	68
Pustertaler Sprinzen	69
Rätisches und Tiroler Grauvieh	71
Rotes Höhenvieh (Harzer, Vogelsberger, Vogtländer)	72
Schwarzbuntes Niederungsrind	74
Tux-Zillertaler Rind	76
Ungarisches Steppenrind	77
Vorder- und Hinterwälder Vieh	79
Waldviertler Blondvieh	80
Wittgensteiner Bleßvieh	82

SCHAFE   83

Mufflon	83
Bentheimer Landschaf	84
Braunes Bergschaf / Engadiner Schaf	86
Bündner Oberländer Schaf	88
Coburger Fuchsschaf	89
Kärntner Brillenschaf	91
Rauhwolliges Pommersches Landschaf	92
Rhönschaf	94
Skudde	95
Spiegelschaf	97
Steinschafe (Alpines-, Krainer-, Montafoner-, Tiroler-)	98
Walachenschaf	101
Waldschaf	102
Walliser Landschaf	103
Weiße Heidschnucke (gehörnt + hornlos)	105
Zackelschaf	106

ZIEGEN ... 108
Bezoarziege ... 108
Appenzeller Ziege ... 109
Bündner Strahlenziege ... 111
Erzgebirgsziege ... 112
Frankenziege ... 114
Pfauenziege ... 115
Pinzgauer Ziege ... 117
Steirische Scheckenziege ... 118
Schwarzwaldziege ... 119
Stiefelgeiß ... 120
Tauernschecke ... 122
Thüringerwald-Ziege ... 122

SCHWEINE ... 125
Wildschwein ... 125
Angler Sattelschwein / Deutsches Sattelschwein ... 126
Buntes Bentheimer Schwein ... 128
Mangalitsa-Schwein ... 130
Morava-Schwein ... 131
Rotbuntes Husumer Schwein ... 132
Schwäbisch-Hällisches Schwein ... 133
Turopolje-Schwein ... 135

GEFLÜGEL ... 137
Urformen ... 137

HÜHNER ... 138
Altsteirer Huhn ... 138
Appenzeller Barthuhn ... 139
Appenzeller Spitzhaubenhuhn ... 140
Bergischer Kräher ... 141
Bergischer Schlotterkamm ... 142
Brakel-Huhn ... 143
Deutsches Lachshuhn ... 144
Deutsches Reichshuhn ... 145
Deutsches Sperberhuhn ... 146
Krüper ... 147
Lakenfelder Huhn ... 148

Inhalt

Niederrheiner Huhn	149
Ostfriesische Möwe	150
Ramelsloher Huhn	151
Sachsenhuhn	152
Schweizer Huhn	153
Sulmtaler Huhn	154
Sundheimer Huhn	155
Thüringer Barthuhn	156
Vorwerkhuhn	157
Westfälischer Totleger	158

ENTEN 159
Orpingtonente	159
Österreichische Haubenente	160
Pommernente	161
Vierländer Ente	162

GÄNSE 163
Deutsche Legegans	163
Diepholzer Gans	164
Emdener Gans	165
Landgans	166
Leinegans	167
Lippegans	168

PUTEN 169
Blaue Pute	169
Bronzepute	170
Cröllwitzer Pute	171

PERLHÜHNER 172
Österreichische Landrasse	172

BILDNACHWEIS 173

GLOSSAR 175

LITERATUR 175

Vorwort

Unter dem Einfluß einer immer erdrückenderen Forderung nach Wirtschaftlichkeit in der Tierzucht und -haltung sind zahlreiche alte und seltene Haus- und Nutztierrassen bereits ausgestorben oder in ihrer Existenz bedroht. Längst ist man in der Tierzucht dazu übergegangen, einzig auf Leistungsparameter zu achten und Werte wie Robustheit, Wesensfestigkeit, ideale Anpassung an Lebensräume oder schlichtweg Schönheit (und viele mehr) zu ignorieren. Hohe Milch-, Lege- und Mastleistung sowie mageres Fleisch bestimmen allein die Zuchtwahl und das Aussehen unserer Nutztiere, die ja längst keine Haustiere mehr sind. Sie sind wahrlich zu Nutztieren im schlechtesten Wortsinne geworden, denn sie werden vom Menschen nur mehr benützt oder im schlimmsten Falle sogar ausgenützt. Ich verwende daher ganz bewußt auch die alte Bezeichnung „Haustier", denn sie deutet darauf hin, daß man früher enger mit seinen Tieren zusammenlebte und in ihnen mehr als nur Produktionseinheiten sah.

Zum Glück gibt es eine wachsende Gruppe von Enthusiasten, die sich der seltenen und alten Haus- und Nutztierrassen annehmen und diese mit viel Liebe und Ambition erhalten und vermehren. Für sie ist dieses kleine Buch geschrieben! Es beschreibt jene Rassen der Pferde, Rinder, Schweine, Schafe, Ziegen und des Geflügels, die im deutschen Sprachraum selten geworden oder sogar vom Aussterben bedroht sind. Es mag sich nach modernen wirtschaftlichen Gesichtspunkten nicht mehr rentieren, solche Tiere zu halten. Dies darf aber kein Grund dafür sein, daß man solche Rassen einfach vergißt oder sogar aktiv dezimiert. Sie verdienen es aufgrund mannigfaltiger Eigenschaften, erhalten und gewürdigt zu werden. Nicht zuletzt sind sie ein bedeutender Teil unserer Geschichte und Kultur!

Graz, im Frühjahr 2000 *Martin Haller*

Einleitung

Die Haustiere werden im folgenden Teil des Buches nach Arten beschrieben, wobei die Abfolge derselben nach ungefährer Größe und Körpermasse erfolgt. Beginnend mit den Pferden spannt sich der Bogen weiter über die Rinder, Schweine, Schafe und Ziegen bis hin zum Geflügel. Innerhalb der Arten erfolgt die Beschreibung streng alphabetisch, nur in Ausnahmen werden eng verwandte Unterrassen an eine Hauptrasse gefügt, um die logische Abfolge zu erhalten. Keinesfalls sind die unterschiedliche Länge oder Reihung der Beschreibungen als Wertung aufzufassen. Jede Art und jede Rasse hat treue Anhänger, die sie bevorzugen und mitunter eifersüchtig gegen vermeintliche Konkurrenz verteidigen. Dies ist verständlich und das gute Recht der Halter und Züchter! Man möge mir auch verzeihen, wenn Auslassungen passiert sein sollten – niemand ist perfekt. Ich habe mich bemüht, die mir bekannten und in der Fachliteratur angeführten Rassen zu beschreiben, doch erhebe ich keinerlei Anspruch auf Vollständigkeit.

Manche Rassen, wie z.B. das Ungarische Steppenrind, gehören nicht zum eigentlichen deutschsprachigen Gebiet, sind aber entweder auch dort heimisch oder befanden sich ehemals innerhalb der politischen Grenzen eines der drei besprochenen Länder, in diesem Fall Österreich-Ungarn. Manche Rassen existieren in einigen sehr ähnlichen lokalen Unterrassen (Schlägen), die entweder jeweils kurz angeführt oder nicht extra besprochen werden, weil sie analog zur Hauptrasse zu verstehen sind und eine eigene Beschreibung weitgehend zu einer Wiederholung führen würde.

Die Rassennamen sind mit einem Kürzel für ihr jeweiliges Heimatland versehen, um eine geographische Zuordnung zu erleichtern. In einigen Fällen sind mehrere Kürzel angegeben, da die Rasse nicht allein in einem Land vorkommt. Manchmal beziehen sich die Kürzel auch auf eine frühere Verbreitung innerhalb nicht mehr gültiger politischer Grenzen, wie z.B. beim Furioso, einer Pferderasse, die einst in der ungarischen Reichshälfte der Doppelmonarchie Österreich-Ungarn gezogen wurde. Zu ihrer Entstehungszeit galt sie somit als österreichische Rasse, heute ist sie in den Nachfolgeländern der ehemaligen Doppelmonarchie beheimatet. Bei einigen anderen Rassen vollzog sich deren Entstehung zwar im Ausland, der züchterische Schwerpunkt liegt heute jedoch eindeutig in einem der besprochenen Länder. Die Entenrasse Orpington oder die Rinderrasse Shorthorn entstand in England, aber es gibt seit langer Zeit deutsche Varianten, die mittlerweile in der BRD bedroht sind. Knabstrupper und Jütländer Pferde sind zwar in Dänemark beheimatet, aufgrund der unmittelbaren Nachbarschaft und ihrer starken Beliebtheit in Deutschland werden sie hier mit einbezogen. Dänemark und Deutschland haben enge züchterische und historische Beziehungen.

Es wurde versucht, die meisten Rassen auf den Roten Listen der Länder Deutschland und Österreich, sowie jene auf der Liste von Pro Specie Rara zu besprechen. Darüber hinaus werden wenig bekannte, nicht von diesen Verbänden geführte Rassen besprochen, die ebenfalls bedroht oder sehr selten sind, wie etwa der Huzule, ein Bergpferd altösterreichischer Herkunft. Da sich die Bestandszahlen mitunter ändern, ist keine fortwährende Aktualität garantiert, man darf jedoch davon ausgehen, daß alle besprochenen Rassen zumindest selten sind. Im Falle des Tiroler Grauviehs oder des Lipizzaners u.a. ist diese Seltenheit als relativ zu vergleichbaren Rassen oder dem Gesamtbestand der Art aufzufassen und ist weniger als akute Bedrohung zu verstehen. Als Kriterium für die Aufnahme in das vorliegende Buch diente eine neue Version der sogenannten „Roten Liste" der bedrohten Rassen, die von den Fachorganisationen publiziert wird.

■ Über Gattung, Art und Rasse

In der Tierzucht ist das Wort Rasse ein häufig gebrauchter Begriff. Man kann sagen, daß für den Zoologen mit der Rasse die (Forschungs-)Arbeit aufhört, für den Tierzüchter aber erst beginnt. Tatsächlich ist es vor allem auf dem Gebiet der aussterbenden oder seltenen Rassen sehr wichtig, diese genau von anderen abgrenzen zu können. Um aber „Rasse" definieren zu können, muß man sich mit der gesamten Systematik der Zoologie etwas genauer auseinandersetzen. Es muß jedem Interessierten geraten werden, sich mit den Grundbegriffen Gattung, Art und Rasse zu beschäftigen.
Wie kam es zur Bildung von Gattung, Art und Rasse?
Gattung (Genus) ist ein zoologischer Begriff, der an den übergeordneten Begriff Familie (Familia) anschließt und einen gemeinsamen Überbegriff von einigen Arten bildet. Eine Gattung stellt das durch begriffliche Verallgemeinerung von Arten (Species) gewonnene Gemeinsame dar. In der Zoologie bildet die Gattung eine systematische Kategorie, in der nahestehende Arten unter einer gemeinsamen Gattungsbezeichnung zusammengefaßt werden. Gattungen könne auch Untergattungen (Subgenera) aufweisen, die dann zwischen Gattung und Art eingeordnet werden.
Unter Art versteht man die Gesamtheit aller jener Tiere, bei denen die Erbanlagen soweit übereinstimmen, daß jede Paarung innerhalb der Art zu Nachkommen mit unbedingter Fruchtbarkeit und voller Lebenstüchtigkeit führt. Im weitesten Sinne kann man eine Art als einen Erbverband bezeichnen, eine über viele Generationen in sich geschlossene Genpopulation. Paarungen von Angehörigen verschiedener Arten sind möglich, führen aber zu unfruchtbaren oder beschränkt lebensfähigen Nachkommen. Auch Arten unterliegen, wie alle übrigen Erbverbände, im Laufe der Zeit gewissen Veränderungen.
Es gibt in der Literatur zahlreiche Definitionen des Begriffes „Rasse", die alle mehr oder weniger zutreffend erscheinen. Eine sehr klare und umfassende Definition gibt der bekannte Hippologe Jasper NISSEN in seinem dreibändigen Werk „Enzyklopädie der Pferderassen" (Kosmos, 1998):

„Mit dem Begriff Rasse bezeichnen wir alle Tiere einer Art, die sich durch gleiche Erbanlagen und damit Entwicklung gleicher Eigenschaften unter ähnlichen Milieubedingungen vom Rest der Art unterscheiden und sich aufgrund dieser Erbanlagen zu einer Population zusammenfassen lassen. Rassen entstehen durch Selektion in einer bestimmten Richtung und durch isolierte Vermehrung. Es ist eine Sache der Übereinkunft, des Herkommens, der Zweckmäßigkeit, manchmal auch des Zufalles und der Willkür, nach welchen Kriterien man Tiere derselben Art unter einem Rassebegriff zusammenfaßt. Derartige Zusammenfassungen können erfolgen nach ökologischen oder morphologischen Merkmalen, nach bestimmten Rassekennzeichen, wie zu Beispiel Farben, nach Verbreitungsgebiet zu Lokalrassen oder zu sogenannten geographischen Rassen, nach physiologischen und nach psychologischen Fähigkeiten, nach Leistungsanlagen oder nach Abstammung, in der Regel jedoch nach mehreren Kriterien."

„Grundlage und Ursprung aller heutigen Rassen sind die Naturrassen, bei deren Entstehung der Einfluß des Menschen noch gering oder nicht vorhanden war. Aus den Naturrassen gehen die sogenannten Landrassen hervor. Bei deren Herausbildung kommt es zu einer zunächst mehr zufälligen, dann jedoch immer gezielteren Einflußnahme durch den Menschen. Natur- und Landrassen haben viele Jahrhunderte lang, teilweise bis heute, eine wichtige Rolle im Leben der Völker gespielt. Sie sind dadurch charakterisiert, daß sie ideal an Klima, Futtergrundlage, Boden und Parasiten ihrer Umwelt angepaßt sind. Sie zeichnen sich aus durch Breite der Reaktionsfähigkeit, durch vielseitige Leistungsanlagen, Erbanlagenvielfalt, Unspezialisiertheit, Erhalt der natürlichen Instinkte und große Modellierbarkeit in der Hand des Züchters. Je nach dem Milieu, dem sie entstammen, handelt es sich in der Regel um Tiere der kleinen Umsätze und der größeren Anpassung. Sie sind kleiner und haben einen geringeren Nährstoff- und Wasserbedarf als die Intensivrassen, sind in ihren Futter- und Haltungsansprüchen extensiv, haben einen geringeren Energieumsatz und sind weniger empfindlich für Klimaschwankungen und Mangelsituationen. Ihre Futterverwertung ist meist besser als die der Züchtungsrassen. Landrassen sind eifrige Futtersucher und Fresser. Sie pflegen Notzeiten, vor allem futter- und wasserarme Zeiten, besser zu überstehen."

„Die Haustierzucht hat sich die von der Natur vorselektierten Rassen häufig zunutze gemacht und weiterentwickelt. Die Erbanlagen derartiger, aufgrund der natürlichen Auslese entstandenen Rassen sind oft durch die ganze Entstehungsgeschichte einer Kulturrasse spürbar und zu verfolgen. Die Natur- und Landrassen stellen ein Reservoir für Erbanlagen dar, die in manchen Leistungsrassen durch Spezialisierung verlorengegangen sind, und können zu deren Regeneration beitragen.

Seit dem 17./18. Jh. kam es zur Herausbildung der Kultur- und Zuchtzielrassen. Während zunächst noch Form- und Farbrassen im Blickpunkt tierzüchterischen Interesses standen, wurden mit der Entstehung der Vollblutzucht und den Züchtungen BAKEWELLS (1725–1795) und des Grafen ORLOW (1737–1809) und der Einführung von Leistungsprüfungen des Zuchtmaterials die ersten Leistungsrassen geschaffen. Vor allem die Pferdezucht wirkte von

Anfang an auf alle Haustierzuchten anregend und befruchtend. Die von BAKEWELL geschaffenen beziehungsweise verbesserten Haustierrassen, das Shire-Pferd und die Mastrassen bei Rind, Schwein und Schaf, sowie das Vollblut spendeten nicht nur ihre Erbmassen und begründeten neue Rassen in vielen Ländern der Erde. Sie waren zugleich auch Ideenträger für den Zuchtzielgedanken. Klare Zuchtziele, Beherrschung der Zuchtverfahren, Zuchtwahl, Ausmerzung der Minusvarianten bis hin zur Inzucht und Inzestzucht, sorgfältige Zuchtbuchführung, Leistungsprüfungen sowie darauf beruhende scharfe Zuchtauslese wurden im 18. und 19. Jh. als Zuchtverfahren anerkannt, angewendet und nachgeahmt. Im 19. Jh. kam es zur Gründung der meisten Kulturrassen, zu Rasseneinfuhren und -verpflanzungen, zur Verbesserung zahlloser Landrassen und zur Gründung von Zuchtverbänden und Herdbüchern."

■ Die Organisationen

Im deutschsprachigen Raum befassen sich im wesentlichen drei Organisationen mit der Förderung von seltenen Nutztierrassen. Darüber hinaus beschäftigen sich zwar noch andere, zum Teil offizielle oder ministerielle Stellen mit ähnlichen Aufgaben. Hier wird der Übersicht halber nur auf die für Deutschland, Österreich und die Schweiz relevanten Vereine eingegangen, welche ihre Mitglieder und jede Privatperson durch Information und Hilfestellung unterstützen. Dazu ist weder der Besitz noch die Zucht einer Tiergattung oder Rasse unbedingt nötig, es genügt ein Interesse an der Vereinstätigkeit oder an den betreuten Tieren. Zugleich agieren diese Vereine in ihren jeweiligen Ländern als Bindeglieder zwischen der interessierten Bevölkerung, den Züchtern bedrohter Arten und den Ministerien und offiziellen Stellen. Sie betreiben praktische Erhaltungsarbeit auf verschiedenen Ebenen und stellen daneben auch theoretische Informationsmittel zur Verfügung; sie betreiben Werbung und bringen entsprechende Publikationen heraus. Weiters verfügen sie über angeschlossene Zucht- und Musterbetriebe (z.B. Arche-Höfe etc.) und erhalten Restpopulationen besonders gefährdeter Rassen. Es ist durchaus notwendig und begrüßenswert, daß sich private Organisationen der Mühe unterziehen, die breite Bevölkerung auf die Problematik der gefährdeten Haus- und Nutztierrassen aufmerksam zu machen. Durch ihre praktische und theoretische Erhaltungsarbeit tragen die betreffenden Organisationen wesentlich zur Bewahrung des derzeitigen Genpools bei und sind somit vergangenheitsbewußt und zukunftsorientiert zugleich. Ihre Arbeit ist gerade in der heutigen Zeit enorm wichtig, da wir in der europäischen Landwirtschaft mit einer Fülle von neuartigen Problemen konfrontiert sind. Dazu ein Zitat aus „Gefährdete Nutztierrassen" von H. H. SAMBRAUS:

„Die Produkte vieler Landrassen sind noch nicht ausreichend auf mögliche Vorteile hin untersucht worden. Diese Rassen aufzugeben wäre gleichbedeutend mit dem Fortwerfen eines ungeprüften Lottoscheines, nur weil die Aussicht auf einen Gewinn gering ist. Gewiß kann man durch Zucht und entsprechende Selektion in vielen Fällen die gewünschte Produktqualität im Verlaufe der Zeit schaffen. Dieser Vorgang ist jedoch viel zeitraubender, als auf vorhandene Populationen zurückzugreifen."

Die Gesellschaft zur Erhaltung alter und gefährdeter Haustierrassen (GEH)

(Bundesrepublik Deutschland)

Die Gesellschaft wurde 1981 im bayerischen Rottal gegründet und ist ein privater, gemeinnütziger Verein. In ihr sind derzeit rund 1.500 Mitglieder aus verschiedensten Interessensgruppen organisiert. Neben praktischen Landwirten und Tierzüchtern kommt ein Großteil der Mitglieder aus den Bereichen der Agrarwissenschaft, Biologie, Veterinärmedizin sowie Behörden und Administrationen und angrenzenden Bereichen. Mitglied kann jeder Interessierte werden, der die Erhaltung gefährdeter Nutztierrassen als Notwendigkeit er-achtet.

Die GEH
- spürt letzte vorhandene Tierbestände auf
- initiiert Erhaltungsmaßnahmen
- führt GEH-interne Zuchtbücher einzelner Rassen
- informiert und koordiniert die Tierhalter
- unterhält eigene Zuchtpopulationen und Genreserven
- stellt Kontakte zwischen staatlichen Institutionen, Verbänden und Organisationen mit ähnlicher Zielsetzung her
- leistet eine breite Öffentlichkeitsarbeit
- berät Naturschutzvorhaben und andere Projekte über die Haltung alter Rassen
- hält Kontakt zu Partnerorganisationen im In- und Ausland

Die Organisationsstruktur der GEH ist eng mit der Geschäftsstelle verbunden. Seit einigen Jahren wird diese von einer hauptamtlichen Mitarbeiterin betreut und arbeitet eng mit dem Vorstand zusammen. Ein weiteres wichtiges Gremium innerhalb der GEH sind die Koordinatoren für die verschiedenen Tierspecies. Sie bemühen sich um speciesgebundene Anfragenvermittlung und um Informationsaustausch zwischen den Rassebetreuern. Letztere stellen das wichtigste aktive Organ der GEH dar. Sie sind spezialisiert auf eine Rasse, die sie selbst oft als Züchter halten. Sie kennen die Ursprungsregion ihrer Rasse und die traditionellen Tierhalter, stellen Kontakte zu Zuchtverbänden her und beschicken regionale Ausstellungen. Häufig erfolgen auf dieser Ebene Vereinsgründungen oder Gründungen von Arbeitsgruppen.

Man publiziert ein vierteljährliches Vereinsorgan mit einer Auflage von rund 3.000 Stück.

Zudem wird eine „Rote Liste" von mittlerweile 84 gefährdeten Rassen geführt. Da die Erhaltungsarbeit die politischen Grenzen oft überschreitet oder mehrere Länder umfaßt, wuchs die internationale Zusammenarbeit mit anderen Organisationen. Desgleichen wurde die GEH in letzter Zeit verstärkt gefordert, wenn es um die Beratung von Naturschutzverbänden und staatlichen Naturschutzbehörden ging. Landschaftspflege und Extensivierung geraten immer häufiger in den Vordergrund der Diskussion, wobei die Integration alter Haustierrassen in diesen Bereichen ständig zunimmt.

Züchterverband Pro Specie Rara (PSR)
(Schweiz)

Der Züchterverband für gefährdete Nutztierrassen Pro Specie Rara (abgekürzt Züchterverband PSR) wurde im November 1996 gegründet. Er ist der Dachverband für neun Züchterorganisationen, welche ihre Groß- und Kleinviehrassen vertreten. Seit dem 22. Juni 1998 ist der Züchterverband PSR mit allen angeschlossenen Rassen vom Bund offiziell anerkannt. Mit der Zentralstelle in St. Gallen betreibt der Züchterverband PSR eine Dienstleistungsstelle für seine Mitglieder. Er sucht die Zuchtbemühungen – wo sinnvoll – zu vereinheitlichen und den gemeinsamen Geist der Mitglieder sowie die Zusammenarbeit zu fördern. Hauptaufgaben sind das gemeinsame Auftreten nach außen, die gemeinsame Aus- und Weiterbildung der ehrenamtlichen Mitarbeiter und die Weiterentwicklung des zentralen Herdbuches. PSR führt jährlich zwei ordentliche Delegiertenversammlungen durch, bei denen bis zu vier gewählte Fachexperten, zwei Vertreter der Stiftung PSR, je zwei Vertreter der Großvieh- und je ein Vertreter der Kleinviehorganisationen Stimmrecht besitzen. PSR kann ihre Mittel effizient einsetzen, da ihre Arbeit von freiwilligen Helfern mitgetragen wird. Die Züchter von gefährdeten Tierrassen oder die Sortenbetreuer seltener Gemüsesorten bieten ihre Hilfe aus ideellen Erwägungen heraus an. Sie wollen etwas für die Erhaltung der Rassen- und Sortenvielfalt tun. Dies gilt auch für die sog. Gönner, welche PSR finanziell unterstützen und sich auch als Paten für Tiere oder Obstsorten zur Verfügung stellen. Man verfügt heute über rund 4.000 Gönner, 2.000 aktive Mitglieder und rund 100 ehrenamtliche und professionelle Mitarbeiter. Der Verein verfügt weiters über nicht weniger als neun frei zugängliche Projekte:
Augst – Römischer Haustierpark
Brienz – Freilichtmuseum Ballenberg
Genf – Jardin botanique de Genève
Genf – Parc aux animaux
Knie´s Zirkus-Zoo
Kreuzlingen – Tierpark
Wildegg und Prangis – Schloßparks
Vitznau – Bergrestaurant Wissifluh

Die Stiftung fördert die angeschlossenen Rassen weiterhin durch ihre Öffentlichkeitsarbeit und durch das Sammeln von Geldmitteln für die Mitglieder des Züchterverbandes PSR. Außerdem unterhält sie von gewissen Rassen Nukleusherden.

Verein zur Erhaltung gefährdeter Haustierrassen (VEGH)
(Österreich)

Lange Zeit fiel das schleichende Verschwinden alter Rassen in Österreich niemandem auf. Vor einigen Jahren taten sich einige Idealisten zusammen, um nach ausländischem Vorbild den „Verein zur Erhaltung gefährdeter Haustierrassen" zu gründen. Der VEGH versucht, alte Haustierrassen aufzufinden und in lebensfähigen Beständen zu erhalten. Man sieht die Vereinsarbeit dadurch bestätigt, daß in den Jahren des Bestehens des VEGH in Österreich keine Rasse mehr ausgestorben ist. Im Gegenteil, alte Rassen finden in der Landwirtschaft wieder gesteigerte Nachfrage.

Derzeit gibt es in Österreich ca. 20 gefährdete Haustierrassen. Der VEGH ist an der Erhaltung vieler beteiligt und hat einen positiven Einfluß darauf. Für die meisten Rassen wurden eigene Spartenbetreuer eingeführt, welche die Erhaltung jeweils einer bestimmten Rasse koordinieren. Durch die Zeitschrift „Arche" mit einer Auflage von 2.500 Stück wird vierteljährlich eine interessierte Öffentlichkeit über die aktuellen Projekte und Rassen informiert. Neben Informationsblättern zu einzelnen Rassen gibt es auch die Broschüre „Alte Haustierrassen" des Österreichischen Naturschutzbundes.

Der VEGH empfindet es als wichtig, daß gefährdete Rassen in ihrer natürlichen Umgebung als lebende Genreserven erhalten bleiben und nicht nur ihr eingefrorenes Sperma in Depots. Daher versucht man Tierbestände ausfindig zu machen, Zuchtgruppen aufzubauen und Herdbücher anzulegen sowie finanzielle Mittel zur Organisation der Zucht zu beschaffen. Man agiert landesweit und arbeitet mit wichtigen Institutionen und Nachbarorganisationen im In- und Ausland zusammen.

Struktur und Aufgaben des VEGH:

Rassen:	über 20 gefährdete Haustierrassen in Österreich
Mitgliederstand:	über 500 Personen bzw. Organisationen
Vereinsleitung:	Organisation der Zucht und Vereinsarbeit
Datenbank:	Züchteradressen aller gefährdeten Rassen
Spartenbetreuung:	Fast für jede Rasse gibt es einen zuständigen Betreuer
Information:	Von den meisten Rassen gibt es Informationsblätter
	Viermal jährlich erscheint die „Arche"
	Regionale Treffen und Ausstellungen werden veranstaltet

Der VEGH arbeitet mit der Arche Noah (Pflanzen) zusammen; weiters mit den benachbarten Vereinen PSR (Schweiz), GEH (Deutschland) sowie der europäischen Dachorganisation SAVE. Kürzlich wurde eine engere Kooperation mit der Österreichischen Nationalvereinigung für Genreserven ÖNGENE beschlossen. Nahezu alle Vereinigungen, welche sich mit der Erhaltung seltener Rassen und Sorten beschäftigen, stehen untereinander in Kontakt, auch über Landesgrenzen hinweg. Dadurch, und durch die gemeinsame Zugehörigkeit zu übergeordneten oder länderübergreifenden Organisationen, entsteht ein internationales Flechtwerk der Betreuung und Information, das dem einzelnen Interessierten zugute kommt.

Anschriften der drei Organisationen:

GEH (D): Postfach 1218, D-37202 Witzenhausen
Tel.: (00 49)-0 55 42-18 64

PSR (CH): Engelgasse 12a, CH-9000 St. Gallen
Tel.: (00 41)-0 71-22 27 420

VEGH (A): Postfach 462, A-9010 Klagenfurt
Tel.: (00 43)-0 463-21 93 92

Die Rassen

Pferde

■ *Tarpan (Stammform)*

Von vielen Experten wird der Tarpan als die Stammform unserer warmblütigen Hauspferde angesehen. Es galt lange Zeit die vorherrschende Meinung, daß das asiatische Przewalsky-Pferd (Mongolisches Wildpferd) und der Tarpan als die Urformen aller Pferde anzusehen seien. Dies kann heute nur als bedingt richtig gelten. Wahrscheinlich ist, daß das Przewalsky-Pferd wenig oder nichts mit unseren domestizierten Pferden zu tun hat, hingegen der Tarpan für eine Reihe von europäischen und orientalischen Rassen verantwortlich ist. Dabei ist er nicht als echtes Wildpferd zu sehen, sondern als eine Mischform verschiedener Wildpferdetypen und früher Hauspferde. Das Verbreitungsgebiet der ziemlich unterschiedlichen Tarpanformen war sehr groß und reichte von den südrussischen Steppen bis Zentralspanien, umfaßte also den gesamten europäischen Raum. Unter dem Einfluß von Klima und Landschaft entstanden Unterformen, wie z.B. der Waldtarpan, der Bergtarpan oder der Steppentarpan. Alle diese Formen wurden in verschiedenen Regionen, zu unterschiedlichen Zeitpunkten und zu mancherlei Zwecken domestiziert, ähnlich wie dies beim Auerochsen zutrifft. Man nimmt an, daß die Domestikation der Pferde zuerst kultischen Zwecken diente, später auch der Nahrungsbeschaffung, erst danach zum Reiten und Ziehen von Lasten. Die echten Tarpane, deren Merkmale wir noch in osteuropäischen Primitivrassen wie Konik, Panje, Vjatka und

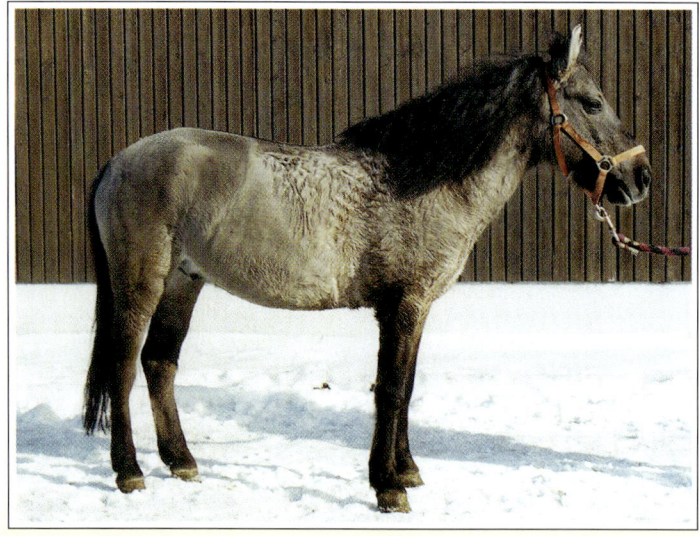

Tarpan

Huzule finden, wurden systematisch ausgerottet, das letzte freilebende Exemplar wurde 1879 auf der Krim erlegt, 1887 starb das letzte in Gefangenschaft. Schon bald darauf begannen erste Versuche, aus Hauspferden mit viel Tarpanblut diesen zu rekonstruieren. Prof. VETULANI in Polen und die Brüder HECK in Deutschland verwendeten um 1930 unterschiedliche Ausgangsrassen, kamen aber dem Ziel, eine der Stammform ähnliche Rekonstruktion zu schaffen, sehr nahe. Heute werden die Rückzüchtungen zwar recht zahlreich in diversen Tierparks und in Naturschutzgebieten gehalten und vermehrt, die Wissenschaft lehnt sie aber als „echte" Tarpane ab. Die Tiere vermitteln jedoch einen sehr guten Eindruck von der ehemaligen Stammform eines Teils unserer Hauspferderassen.

> **EIGENSCHAFTEN:** Die Rückzüchtungen des Tarpans weisen die urtümliche Falbfarbe in allen Schattierungen auf, von gelblich bis blaugrau; Aalstrich, Zebrierung und dichtes Langhaar sind typisch. Die Pferde sind klein und stämmig, dabei durchaus edel im Ausdruck. Der Kopf ist meist gerade, der Hals kurz, der Rumpf kompakt. Die Tiere sind extrem widerstandsfähig und können auf großen Flächen ganzjährig ohne Zufutter und Pflege überleben. Sie sind fruchtbar, nicht krankheitsanfällig und lebenstüchtig. Bei früher Zähmung können sie als leichte Zugpferde oder Reitponys verwendet werden.

■ ARENBERG-NORDKIRCHENER UND LEHMKUHLENER PONY (D)

Diese beiden deutschen Ponyrassen sind selbst Fachleuten kaum bekannt. Sie entstanden vor einigen Jahrzehnten aus planmäßigen Kreuzungen mit Dülmener „Wildpferden". Somit stellen sie den Versuch eines „Deutschen Reitponys" im eigentlichen Sinne dar. Leider sind beide Rassen heute nahezu ausgestorben; wenn überhaupt, so existieren nur mehr Einzeltiere, eine Zucht gibt es nicht mehr.

Das Lehmkuhlener Pony entstand Ende des 19. Jh.s auf dem Gut Lehmkuhlen der Baronin DONNER in Ostholstein. Dort hielt sie einige Dülmener Stuten und veredelte diese mit Arabern, Zwerghackneys und Vollblütern, um gängige Jugendponys zu erhalten. Die neue Gestütsrasse gelang so gut, daß die Nachzucht bald Eingang in zahlreiche adelige Stallungen fand. Die Ponys waren energisch, gängig und hübsch, bei vorwiegend dunkler Jacke. Sie bewegten sich gut und eigneten sich für alle Sparten, auch das Fahren. Die ursprüngliche Robustheit der Dülmener blieb erhalten. Nach dem Zweiten Weltkrieg wurden ein Teil der Herde und ein Hengst von F. LILIENTHAL gekauft, der die Zucht auf Eiderstedt mit viel Engagement jahrzehntelang weiterführte. Leider fehlte ihm die staatliche Anerkennung bzw. Unterstützung, so daß es ein rein privates Liebhaberprojekt bleiben mußte. Lehmkuhlener Ponys

Arenberg-Nordkirchener Pony (D)

wurden oft sportlich erfolgreich eingesetzt, so auch von den Kindern des berühmten Springreiters Fritz THIEDEMANN.

Die Arenberg-Nordkirchener Rasse geht auf ein Zuchtexperiment des Herzogs ARENBERG zurück. Dieser richtete 1923 in Nordkirchen im Münsterland ein Wildgestüt ein. Dort bildeten osteuropäische Panje- und Konikstuten den Grundstock einer Population, die mit zugekauften Dülmener Hengsten aufgebaut wurde. Somit ging man hier den umgekehrten Weg zu Dülmen, wo ja immer wieder Konikhengste auf die örtlichen Stuten gepaart wurden. Das Zuchtziel war ein gängiges Kleinpferd, das vor allem für Jugendliche auch sportliche Eignung zeigte; der Bestand blieb jedoch immer klein und umfaßte nur rund 40 Tiere. 1968 wurde die gesamte Herde an Hrn. ORTHMANN in Nordkirchen verkauft, welcher nun einen sportlicheren Typ schuf. Dies erreichte man durch die Verwendung von Welsh-B-Hengsten, die auch die braune Farbe einbrachten. Die Ponys waren etwas größer und deutlich edler als die originalen Dülmener und besaßen ein gutes sportliches Leistungsvermögen. 1984 wurde auch diese Zucht aufgelöst und die Produkte landesweit verkauft; man vermutet, daß ein Großteil in der westfälischen Reitponyzucht Aufnahme gefunden hat.

EIGENSCHAFTEN: Mittelgroßes Reitpony von edlem Typ, hin und wieder mit abgeschwächten Merkmalen des Dülmener „Wildlings". Hübscher Kopf mit ausdrucksvollem Gesicht, kleine Ohren. Gute Oberlinie, korrekte Schulter und tragfähiger Rücken. Genügend breiter und tiefer Körper; guter Futterverwerter. Stabile Beine mit sehr harten Hufen, kaum Kötenbehang. Elastische, eifrige Gänge, gutes Springvermögen. Zäh und wetterhart, ideal für Robusthaltung geeignet.

PFERDE

■ *FURIOSO (A)*

Der Stammvater dieser altösterreichischen Rasse war der englische Vollblüter Furioso. Er wurde 1835 im Gestüt Derekegyháza des Grafen KAROLYI geboren und schon 1836 für die staatliche Zucht angekauft. Nach kurzer Rennlaufbahn gelangte er 1841 in den Zuchtbetrieb. Im ungarischen Gestüt Mezöhegyes zeugte er in zehn Jahren mit Stuten unterschiedlicher Abstammung und uneinheitlichen Typs gute Nachkommen. 176 Produkte bildeten die spätere Stammherde der Rasse Furioso, die als typische Halbblutrasse bezeichnet werden kann.

1852 wurde der aus England stammende Vollbluthengst North Star ebenfalls in Mezöhegyes aufgestellt, wo er sechs Jahre lang wirkte. Seine Nachkommen bewährten sich ebenfalls ganz ausgezeichnet und waren den Furiosos ähnlich. 1885 wurden die beiden Populationen zur Rasse Furioso-North Star vereinigt, allerdings wird der volle Namen selten verwendet, man nennt sie meist nur Furioso. Die Zuchtzentren waren zuerst Mezöhegyes und später Radautz im heutigen Rumänien, wo noch immer eine Herde existiert. Ursprünglich eine für die ungarische Reichshälfte typische Rasse, wurde die Zucht später auf alle östlichen Nachfolgestaaten der alten Monarchie ausgedehnt; das heutige Österreich besitzt keine Tiere dieser Rasse mehr. Alle Furioso sind kräftige, mittelschwere Blutpferde von besonderer Ausdauer, Härte und Gesundheit. Sie waren als Militärpferde hoch geschätzt und spielten in der Landeszucht der österreichisch-ungarischen Monarchie eine hervorragende Rolle. Als leichte Wirtschafts- und Wagenpferde ebenso geeignet wie als Remonten, konnten sie allerdings nicht in optimaler Form an die Anforderungen des modernen Sportpferdes herangeführt werden. Die heutigen Bestände sind zum Teil mit deutschen Hengsten verkreuzt. Die wichtigsten Zuchtgebiete liegen in Ungarn, wo es einen offiziellen Verband der privaten und staatlichen Zuchtbetriebe gibt, weiters in Rumä-

Furioso (A)

nien, dem ehemaligen Jugoslawien sowie der Tschechischen und Slowakischen Republik. Die Bestände sind durchwegs klein, die Marktsituation ist schlecht, obwohl die Qualitäten der Rasse für den gehobenen Freizeitreiter oder -fahrer durchaus genügen würden.

> **EIGENSCHAFTEN:** Edles, mittelgroßes Warmblutpferd im Typ des blutgeprägten Reitpferdes (Halbblut). Edler Kopf mit geradem Profil und freundlichen Augen. Schöner Hals und deutlich ausgeprägter Rist. Gut bemuskelt und ausreichend breit und tief. Klare, trockene Beine und harte Hufe, kein Behang. Praktische, unspektakuläre Gänge, große Ausdauer. Meist Braune mit wenigen, kleinen Abzeichen. Größe: 160 cm Stockmaß und darüber.

■ PRZEDSWIT (A)

Dies ist ein Schlag der Rasse Furioso, der auf den gleichnamigen Gründerhengst, einen englischen Vollblüter namens Przedswit XX, zurückgeht. Dieser bedeutende Fuchshengst stand ab 1876 im steiermärkischen Staatsgestüt Piber (heute bekannt durch die Lipizzanerzucht), wo er beste Nachzucht hinterließ. Sein Stamm wurde mit dem von Furioso und North-Star vereinigt und galt in Österreich als eine gleichberechtigte Komponente der Halbblutzucht. Viele Hengste dieses Stammes gingen in die Landeszuchten. Seit den sechziger Jahren des 20. Jh.s ging die Population zurück, heute gibt es in Österreich kaum noch Pferde dieses Stammes mehr, in Polen und der Tschechischen Republik existieren noch kleine Bestände und Pferde mit Przedswit-Blutanteil.

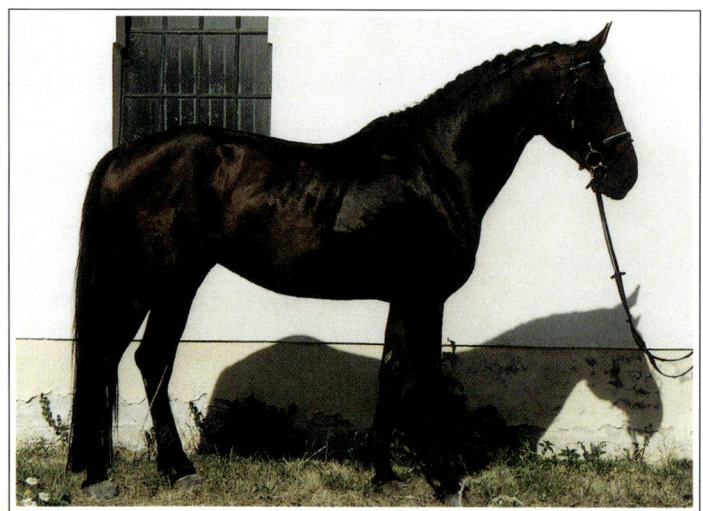

Przedswit (A)

PFERDE

■ GIDRAN (A)

Die Geschichte dieser österreichisch-ungarischen Rasse begann im Jahre 1816, als der Pferdehändler Baron FECHTIG im Zuge einer Kaufexpedition einen Original-Araber-Hengst nach Österreich brachte. (FECHTIG wurde aufgrund seines schillernden Lebenswandels zum Vorbild für die Operette „Der Zigeunerbaron".) Der Araber mit Namen Siglavy Gidran wurde zuerst nach Lipizza, dann nach Bábolna und schließlich nach Mezöhegyes gebracht. Eine von ihm tragende Stute – wahrscheinlich iberischer Abkunft – mit Namen Arrogante wurde ebenfalls dorthin überstellt und gebar den Stammvater der Rasse, den Hengst Gidran Senior. Dieser prägte die Zucht dermaßen, daß sich der nach ihm benannte Stamm bald über die ganze Monarchie ausbreitete. Die Gidrans waren heißblütige orientalische Pferde, dabei sehr hart und leistungsbereit. Später wurde die Zucht etwas verweichlicht, weshalb man um 1862 begann, englische Vollblüter einzukreuzen und somit einen anglo-arabischen Typ schuf. Durch die wechselnd hohen Anteile an orientalischem und englischem Blut trat jeweils der eine oder andere Typ etwas stärker hervor. Allen Pferden waren jedoch Härte, Schnelligkeit und Temperament eigen, was sie zu beliebten Remonten und Sportpferden machte.

Nach dem Untergang der Monarchie gelangte ein Restbestand nach Österreich, wo er zuerst

Gidran (A)

in Niederösterreich, dann in der Steiermark und schließlich in Kärnten unter dem Namen „Grafensteiner" noch bis in die sechziger Jahre des 20. Jh.s existierte. Heute gibt es keine Gidrans mehr in Österreich. In den übrigen Nachfolgestaaten der Doppelmonarchie wurde die Rasse erfolgreich weiter bewahrt und existiert noch heute. Besonders in ihrer alten Heimat Ungarn gibt es noch eine bedeutende Reinzucht-Herde im Gestüt Marócpuszta am Plattensee, die als genetische Reserve gilt. Die Zukunft der Rasse ist allerdings ungewiß, denn ihre sportliche Eignung ist nicht ausreichend, um sie mit dem modernen Sportpferd gleichzustellen. Gidrans sind zwar ausdauernde Pferde, besitzen in der Regel jedoch zuwenig Gang und Springvermögen, um turniersportlich groß zu punkten.

> **EIGENSCHAFTEN:** Meist etwas großer Kopf, der mitunter derb sein kann. Schöne Linien bei kurzem, tiefem Rumpf und gerader Kruppe mit hohem Schweifansatz. Die Beine sind trocken, ohne Behang und mit kleinen, harten Hufen versehen. Leichte, kadenzierte Bewegungen und flotter Galopp. Fast nur Füchse, auch Abzeichen kommen vor; schütteres Langhaar. Größe: um 160 cm Stockmaß.

■ HUZULE (A)

Experten bezeichnen diese Bergrasse aus den Waldkarpaten als direkten Tarpanabkömmling. Der Name wird für das Volk, die Region und die Pferderasse sowie auch für die dort heimischen Rinder verwendet und kommt aus dem Kaukasischen. Es ist wahrscheinlich, daß die Besiedelung der Waldkarpaten (heute rumänisch) durch Kosakenstämme aus dem Kaukasus erfolgte. Die kleinen, zähen Pferde auf der genetischen Basis des Tarpans führen auch orientalisches Blut und Blut der Mongolenpferde. Die genaue Herkunft bleibt mangels zuverlässiger Dokumente etwas unklar, fest steht jedoch, daß es im 19. Jh. drei anerkannte Typen gab, den Tarpan-Huzul, den Bystrzec-Huzul und den Przewalsky-Huzul; weiters den gescheckten Zabie-Huzul, der nicht ursprünglich war. Heute ist eine weitestgehende Angleichung dieser Typen festzustellen. Über Jahrhunderte waren die extrem trittsicheren, harten und genügsamen Pferdchen die einzigen Transportmittel in den unwegsamen Bergen. Sie wurden als Lasttiere und zum Reiten sowie im Zugdienst verwendet und halbwild vermehrt. 1775 wurde die Bukowina (das Buchenland) der österreichisch-ungarischen Monarchie eingegliedert, und der wirtschaftliche Aufschwung begann. Mit der Verbesserung der Straßen wurden die kleinen Pferde unpopulär, man suchte kräftigere Tiere. Nur die Bergbauern erhielten einige reinrassige Zuchtstuten und Hengste. 1792 wurde das Staatsgestüt Radautz gegründet, das die Pferdezucht in Richtung des Halbblutpferdes lenkte. Erst 1856 kam es auf Anregung von Oberst HERMANN zur Schaffung eines eigenen

PFERDE

Huzule (A)

Huzulengestütes im Radautzer Vorwerk Luczyna, auf rund 1400 m Seehöhe. Dort wurden nun Huzulen in Rein- und Kreuzungszucht gezüchtet und zumeist an die Armee abgegeben. Einige bedeutende Hengste kamen um die Wende vom 19. zum 20. Jh. zum Einsatz, deren Stämme bis heute erhalten sind. Vor dem Ersten Weltkrieg wurde die Reinzucht in Radautz aufgegeben. Bis heute existieren kleine Zuchtinseln in Ungarn, Polen, Rumänien, der Ukraine und Österreich, der Gesamtbestand an reinen Huzulen liegt bei rund 400 Pferden. In der Luczyna gibt es wieder eine kleine Herde, die vom rumänischen Staat erhalten wird und Pferde für die Landeszucht und die Landwirtschaft liefert. Ein internationales Hilfsprogramm wird derzeit erarbeitet.

EIGENSCHAFTEN: Der Huzule ist bei rund 130 bis 140 cm Stockmaß kein schönes Pferd. Ein gerader Kopf sitzt auf einem kurzen, starken Hals. Der Rumpf ist lang und tief, mit gewaltigem Rippenbogen (Futterverwertung!). Das Langhaar ist extrem dicht, im Winter wächst ein enormes Winterfell. Die Beine sind trocken, kurz und extrem stabil, mit stahlharten Hufen. Stellungsfehler sind häufig und rassetypisch. Trittsicher, ausdauernd und genügsam, für Fahren und Reiten geeignet. Farbe meist Braun, Fuchs und Schecke, oft auch Falb.

PFERDE

■ JÜTLÄNDER KALTBLUT (DK, D)

Es steht außer Zweifel, daß der gesamte nordwesteuropäische Bereich entlang der Küsten und in den tiefliegenden Marschgebieten von jeher ein ideales Zuchtland für schwere Pferde war. Die Kimbrische Halbinsel (Jütland) war keine Ausnahme. Schon in römischer Zeit sollen von hier ausgezeichnete und kräftige Pferde gekommen sein. Im Mittelalter waren die Kimbrischen oder Jütischen Kaltblüter als Streitrosse sehr begehrt, und ihre Zucht war ein einträgliches Geschäft. Die Bauern, Adeligen und Klöster exportierten jährlich mehrere Tausend Tiere. Mit dem Aufkommen der Feuerwaffen wurde das Ritterpferd obsolet und die Zucht geriet, wie überall, langsam ins Hintertreffen. Im Süden der Halbinsel stellte man schon früh auf leichtere Typen um (Holsteiner), während im Norden noch lange das unveredelte Arbeitspferd vorherrschte. In der zweiten Hälfte des 18. Jh.s setzte man einige zuchtfördernde Maßnahmen, erließ Zuchtgesetze und Körvorschriften. Nach den verheerenden Napoleonischen Kriegen suchte die Dänische Krone die Rasse durch Importe aus England zu verbessern, wozu Cleveländer und Yorkshire-Pferde zählten. Diese bewährten sich ausgezeichnet, doch formten sie den stämmigen „Wasserdänen" zu einem leichteren Typ um. Darauf folgte eine Zeit der Experimente, in der die Regierung den Einsatz von schweren

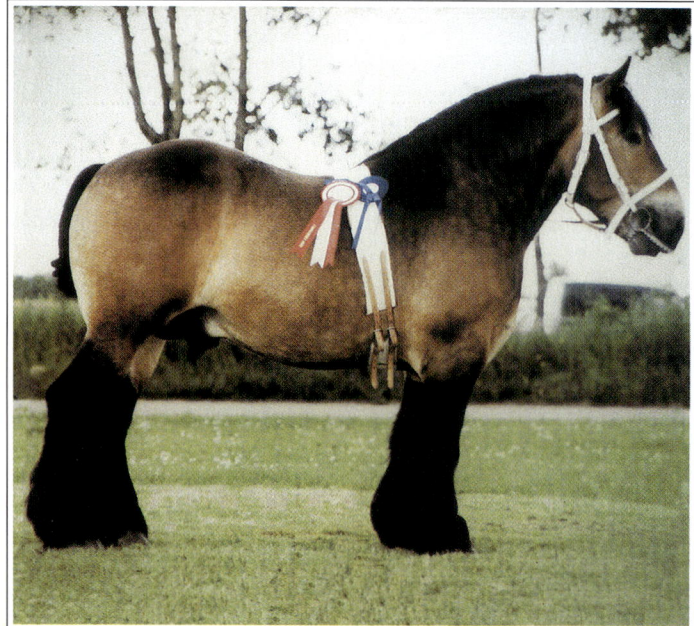

Jütländer Kaltblut (DK, D)

Hengsten vieler verschiedener Rassen förderte. 1862 wurde auf totale Reinzucht umgestellt, das Zuchtziel war ein schweres, aber gängiges Kaltblutpferd. Die wesentlichsten Impulse erhielt die Rasse durch den englischen Hengst Oppenheim, der von 1862 bis 1869 wirkte. Oppenheim war ein bunter Fuchs mit viel Behang, der zwar oft als Suffolk Punch bezeichnet wird, wahrscheinlich aber ein Shire war. Er und seine Nachkommen vererbten sich so durchschlagend, daß ihr Typ bald vorherrschte. Als prägende Hengste des späten 19. Jh.s werden Munkedal, Munkedal II und Aldrup Munkedal sowie Prins af Jylland genannt. Ihr Erbe zeigt sich in der Fuchsfarbe, im kräftigen Körperbau und im ausgeprägten Kaltbluttyp der Rasse, die zuvor etwas leichter war. Später setzte man belgische Ardenner zur Aufbesserung ein, die sich gut bewährten. Noch im 20. Jh. war die Jütische Rasse sehr begehrt; in den Zwischenkriegsjahren exportierte man jährlich rund 15.000 Tiere nach Deutschland. Nach der Motorisierung ging die Zucht zurück und beläuft sich auf nur wenige Hundert Pferde.

EIGENSCHAFTEN: Mittelgroßes, sehr kräftiges und untersetztes Arbeitspferd. Schöner Kopf mit freundlichem Ausdruck; kräftiger Hals. Kurzer, tonniger Rumpf mit bedeutender Tiefe und Breite. Nicht kurzbeinig, dabei stabile, trockene Beine mit deutlichem Behang. Üppiges Langhaar; harte, große Hufe. Guter Schritt und flotter Trab, williges Zugpferd. Wegen seiner Leichtfuttrigkeit, Gutmütigkeit und Kraft ideales Pferd für Landwirtschaft oder Tourismus. Höhe: rund 160 cm.

■ KINSKY-PFERD (A)

Die Rasse geht auf eine Gestütszucht des Geschlechtes der KINSKY zurück, die in Böhmen weite Besitzungen hatten. Graf Oktavian KINSKY – ein hervorragender Reiter und Pferdezüchter – hielt auf seinem Gut Ostrov bei Chlumec vollblütige Pferde. 1838 ließ er die Vollblüterin Themby vom Hengst Whistler decken und erhielt ein isabellfarbenes Stutfohlen, Themby II. Aufgrund der ungewöhnlichen Farbe wurde die Eintragung in das Studbook verweigert; Oktavian gründete daraufhin wutentbrannt sein eigenes Stutbuch und züchtete fortan leistungsfähige Blutpferde mit heller Farbe. Von Themby II stammte der isabellfarbige Hengst Caesar, der als eigentlicher Stammvater gelten kann. Im Laufe der Jahre bewiesen die Pferde eine ungewöhnliche Leistungsfähigkeit und gewannen zahllose schwerste Rennen und Jagdspringen. Zu Beginn des 20. Jh.s wurde die Zucht von Zdenko KINSKY mit begrenzten Mitteln fortgesetzt, brachte aber bis zum Zweiten Weltkrieg noch einige Ausnahmepferde. Radslav KINSKY, geb. 1928, war der letzte des Hauses, der aktiv an Zucht und Sport teilnahm, er wanderte schließlich nach Paris aus. Nach der folgenden

Kinsky-Pferd (A)

Enteignung des Besitzes wurden die Pferde in alle Winde zerstreut und die Zucht kam nahezu zum Erliegen. Einige Enthusiasten konnten durch private Initiative einen kleinen Bestand retten, allen voran Dr. SIXTA und Gutsbesitzer FRINTA, welche bis heute wichtige Hengstlinien bewahrten. 1967 kehrten einige Pferde nach Chlumec zurück, wo sie planmäßig weitervermehrt wurden. Von 1986 bis 1991 leitete der heutige Landstallmeister Dr. ZALIS dieses Gestüt und führte die Pferde zu neuer Popularität, indem er mit Radslav KINSKY den Club Equus Kinsky gründete. Seither sind die Pferde – wenn auch in geringer Zahl – zum festen Bestandteil der tschechischen Zucht geworden. Sie finden aufgrund ihrer attraktiven Farbe und der Leistungsfähigkeit genügend Absatz. Die Zuchtbasis wird durch Trakehner und Achal-Tekkiner Hengste erweitert, und man versucht, eine Art „böhmischen Hunter" im Halbbluttyp zu schaffen.

EIGENSCHAFTEN: Mittelgroßes, deutlich vom Vollblut geprägtes Sportpferd. Immer entweder Fuchs, Isabell oder Falbe mit Abzeichen. Drahtig, muskulös und schnell, mit leichten Bewegungen, vor allem im Galopp. Edler Kopf mit lebhaftem Ausdruck, langer Hals, kräftige Hinterhand bei leicht abschüssiger Kruppe. Trockene Beine mit klaren Sehnen und Gelenken. Größe: ca. 164 cm.

PFERDE

■ KLADRUBER (A)

Diese einzigartige Pferderasse hat ihren Namen vom böhmischen Gestüt Kladruby nad Labem (Kladrub an der Elbe), östlich von Prag. Das Gestüt wurde 1562 von Kaiser MAXIMILIAN II. als Wildgestüt für spanische Pferde angelegt und von seinem Sohn RUDOLF 1579 in den Rang eines Hofgestütes der Habsburger erhoben. Mit spanischen und altitalienischen Pferden (sog. Neapolitanern) wurde im Auland der Elbe ein großes Kutschen- und Reitpferd für den Galadienst bei Hofe gezüchtet. Im Siebenjährigen Krieg wurde der Bestand evakuiert und das Gestüt verwüstet. Der Wiederaufbau mit bedeutenden Erweiterungen gelang unter Kaiser JOSEPH II., der die Pferdezucht allgemein förderte. Bis heute hat das Gestüt alle Rückschläge und Probleme stets überwinden können, auch in den Zeiten des Kommunismus wurde die Zucht in geringem Umfang erhalten. Die Rappenherde erlitt zwischen den Weltkriegen einen gravierenden Einbruch, der ab 1941 wieder aufgefangen werden konnte. Die beiden Farbschläge der Rasse, Schimmel und Rappe, werden im Hauptgestüt Kladrub (Schimmel) und dem Vorwerk Slatian (Rappen) gezogen. Sie gehen auf einige wenige Stammhengste zurück. Bei den Schimmeln war dies Pepoli, der über seine Söhne Generale I + II und Generalissimus wirkte, bei den Rappen die beiden namensgleichen Hengste Sacramoso I + II und Napoleone. Die heute vorhandenen Hengstlinien heißen Generale, Generalissimus,

Kladruber (A)

Sacramoso, Solo, Favory, Rudolfo, Romke und Siglavy. Die vier Letztgenannten gehen auf Einkreuzungen von Lusitano-, Friesen- und Lipizzanerhengsten zurück, die aufgrund der Inzucht notwendig wurden.

Heute ist der Bestand mit rund 700 Pferden nach wie vor sehr klein, wird aber durch staatliche Mittel unterstützt und steht unter dem Schutz der UNESCO, welche das Gestüt und die Pferde als Kulturgut betrachtet. Man züchtet einen gefälligen, mittelgroßen Typ für Fahr- und Reitzwecke. Strenge Selektion und gute Ausbildung sorgen dafür, daß immer wieder Kladruber ins Ausland verkauft werden, wo sie vor allem als Fahrpferde im internationalen Turniersport eingesetzt werden. Ihre guten Eigenschaften machen sie auch zu idealen Freizeitpferden für Liebhaber barocker Rassen und schwergewichtige Reiter.

> **EIGENSCHAFTEN:** Großes, mittelschweres Barockpferd von besonderer Prägung. Hohe Aktion und majestätische Bewegungen, vor allem im Trab. Ramskopf mit langen Ohren, hoch aufgesetzter Hals, wenig Rist. Langer, tiefer Rumpf mit breiter Brust und oft kantiger, kurzer Kruppe; kräftige Bemuskelung. Die Beine sind kräftig, die Hufe groß; kein Behang. Seidiges Fell und Langhaar. Nur Rappen und Schimmel, Stockmaß: rund 165 cm und mehr.

■ KNABSTRUPPER (DK, D)

Gegen Ende des 18. Jh.s besaß der dänische Richter und Pferdezüchter Villars LUNN auf seinem Gestüt Knabstrupp eine kleine Herde, die auf ausrangierte Stuten des königlichen Marstalles zurückging. 1812 kaufte LUNN vom Fleischer FLAEBE in Holbaek eine Stute, welche die Rasse der Knabstrupper begründen sollte. Sie war eine gestichelte Tigerstute und stammte aus dem Besitz eines inhaftierten spanischen Offiziers. Unter dem Namen Flaebehoppen wurde das ungewöhnlich ausdauernde und schnelle Tier bekannt und schließlich dem Frederiksborger Hengst Baeveren zugeführt, mit dem sie einen vorzüglichen Sohn brachte, der Flaeberhingst genannt wurde. Dieser Hengst hatte in seinem Fell angeblich 20 Farben und war ein guter Beschäler. Mit seinem Sohn Mikkel aus einer Frederiksborger Stute zeugte er den eigentlichen Stammvater der Knabstrupper Zucht, die bald auf ganz Seeland weit verbreitet war. Die Pferde standen im barocken Typ und bestachen durch hohe Leistungsfähigkeit und Intelligenz. Sie wurden wegen ihrer attraktiven Färbung häufig als Offizierspferde eingesetzt, doch bald bemerkte man den Nachteil dieser Mode: die Pferde machten ihre Reiter zu auffällig, so daß diese Opfer von Scharfschützen wurden. Daher versuchte man, die Knabstrupper einfärbig zu züchten und nahm dazu verschiedene Einkreuzungen vor. Diese bewährten sich nicht, und schon um 1870 ließ die Rasse ihre guten Eigenschaften fast völlig vermissen. Zugleich war das stammverwandte Frederiksborger Pferd ebenfalls nahezu völlig verkreuzt,

PFERDE

*Knabstrupper
(DK, D)*

beide Schläge also quasi ausgestorben. Erst 1932 wurde ein Förderverein für Knabstrupper gegründet, 1947 ein weiterer, die aber beide recht erfolglos blieben. Im 20. Jh. gelangte viel Fremdblut in die Zucht, die sich nur noch durch die Tigerung einiger Exemplare manifestierte. Man fand z.T. recht schwere Wirtschaftstypen, zum Teil sehr sportliche Blutpferde und sogar kleine Ponytypen vor, denen nur mehr die Farbe gemeinsam war. Aus diesem „Mischmasch" versucht man seit 1970, den originalen Barocktyp wieder zu rekonstruieren, da solche Pferde heute wieder stark gesucht sind. Allerdings ist bis heute kein reinrassiger Knabstrupper vorhanden, so daß man sich mit einer Typ- und Farbzucht begnügen muß. Die Eintragungsbestimmung in das Zuchtbuch des dänischen Verbandes sieht auch solche Tiere vor, die einen oft erheblichen Fremdblutanteil aufweisen. Knabstrupper des Barocktyps sind gesucht, sie weisen gute Reiteigenschaften auf sowie hohe Intelligenz und Eignung zur Hohen Schule.

EIGENSCHAFTEN: Mittelgroßes, abgedrehtes Pferd von kräftigem Bau und intelligentem, freundlichem Wesen. Gerader oder geramster Kopf, geschwungener Hals, kräftiger Körper. Starke, kurze Beine mit kleinen Hufen, wenig Behang. Schöne, erhabene Bewegungen, Eignung für die Schulen über der Erde (= Schulsprünge). Gutmütig, intelligent. Meist Tigerschimmel, selten einfärbig mit erblicher Anlage zur Tigerung. Stockmaß: um 150 bis 162 cm.

PFERDE

■ LEUTSTETTENER (SÁRVÁRER) (D, A)

Die Wiege der Rasse stand im westungarischen Gestüt Sárvár, das 1803 von Erzherzog FERDINAND erworben wurde und eine der ältesten ungarischen Privatzuchten war. Das Zuchtbuch läßt sich lückenlos bis 1826 zurückverfolgen. Die Herde wurde zuerst auf Nonius- und später auf Furioso-North-Star-Blut aufgebaut, wobei auch orientalische Anteile Zugang fanden. Die Rasse kann als Unterrasse des Furioso-North-Star aufgefaßt werden, ist jedoch etwas blutbetonter als dieser.

Die Domäne Sárvár (bei der gleichnamigen Stadt im Komitat Vas) fiel 1875 an das bayerische Haus Wittelsbach, welches die Zucht bedeutend ausbaute. 1945 erfolgte der russische Einmarsch und in der Folge die Enteignung. Gerade noch rechtzeitig konnte das Gestüt durch eine abenteuerliche Flucht nach Bayern überführt werden, wo es in Leutstetten eine neue Heimat fand. In Ungarn verbliebene Restbestände wurden mit jenen der ehemals berühmten und ähnlichen Kisbérer Rasse vereinigt. Vor etwa 25 Jahren erfolgte eine Schenkung von Pferden durch den Prinzen LUDWIG von Bayern, wodurch Ungarn wieder in den Besitz einer nennenswerten Population gelangte. In Leutstetten am Starnberger See befindet sich nach wie vor eine kleine Zuchtherde von rund 20 Tieren in Wittelsbacher Besitz. Die Pferde werden sorgfältig und planvoll vermehrt und dabei einer strikten Qua-

Leutstettener (Sárvárer) (D, A)

PFERDE

litätskontrolle unterzogen. Interessant mag sein, daß die bayerischen Tiere fast ausschließlich Braune oder Rappen mit wenigen Abzeichen sind, ihre Schwesterpopulation in Ungarn jedoch vorwiegend aus bunten Füchsen besteht. Die Rasse zeichnet sich durch größte Härte und gute sportliche Brauchbarkeit aus. Im Gegensatz zur ungarischen staatlichen Gestütszucht wurde die deutsche Population stets gründlich leistungsgeprüft. Sie stellt eine wertvolle Genreserve und eine interessante Ergänzung des knappen Bestandes an Furioso-Pferden dar. Leider findet sie kaum Beachtung und ist selbst Experten nur selten bekannt. Die Bestände in Deutschland und Ungarn werden auf Dauer keine Erhaltung garantieren können.

> **EIGENSCHAFTEN:** Ein deutlich blutgeprägtes Leistungspferd von zwar nur knapp mittlerer Größe, aber schönen Proportionen. Gerader, edler Kopf mit lebhaften Augen. Schöne Hals- und Schulterpartie und straffer Rücken. Gut bemuskelt, bei ausreichender Tiefe und Breite. Die Beine sind stahlhart und trocken, mit besten Hufmaterial ausgestattet. Elastische Gänge, große Ausdauer, hervorragende Härte und Gesundheit. Meist Braune mit nur wenigen, kleinen Abzeichen; in Ungarn häufig bunte Füchse. Stockmaß: um 160 cm.

■ LIPIZZANER (A)

Der Bruder Kaiser Maximilians, Erzherzog KARL von Innerösterreich, begründete 1580 im Karst nahe Triest ein Hofgestüt. Man wählte dazu den Ort Lipizza (Kleine Linde), dessen karge Umgebung schon seit vielen Jahrhunderten hervorragende Pferde hervorbrachte. Diese waren als sog. Karster seit den Zeiten der Römer und während des gesamten Mittelalters wegen ihrer Härte, Schnelligkeit und Schönheit berühmt. Erzherzog KARL ließ nun spanische Hengste und Stuten importieren und diese teils reinblütig, teils in Anpaarung an die vorhandenen Karster planvoll vermehren. Die Pferde waren besonders für den höfischen Reit- und Gespanndienst geeignet und bestachen durch Gelehrigkeit und Schönheit.
Im Laufe der folgenden zwei Jahrhunderte wurden etliche Hengste spanischer Rasse, aber auch solche aus dem zweiten Hofgestüt Kladrub sowie aus anderen, auch ausländischen, Gestüten importiert und verwendet. Es entstand eine vorwiegend auf iberischer Grundlage basierende Rasse, die durch strenge Selektion den Bedürfnissen des Wiener Hofes und der Hohen Schule angepaßt war. In der im Jahre 1572 von Kaiser MAXIMILIAN gegründeten Spanischen Reitschule zu Wien stand eine ständige und konsequente Hengstleistungsprüfung zur Verfügung. Nur jene Pferde wurden züchterisch genutzt, welche den Anforderungen der Hohen Schule (im Rahmen der Spanischen Reitschule nur Hengste) oder dem höfischen Gespanndienst entsprachen. So entstand eine besonders leistungsfähige und schöne barocke

PFERDE

Lipizzaner (A)

Rasse, die bis heute untrennbar mit dem Wiener Reitinstitut verbunden ist. In zahlreichen Evakuierungen (Napoleonische Kriege, Erster Weltkrieg etc.) bewiesen die Tiere ihre Härte. Schließlich wurde der Bestand nach 1918 auf Italien und Österreich aufgeteilt und das Bundesgestüt Piber in der Steiermark wurde zur neuen österreichischen Heimat der Lipizzaner Pferde. Dort wird die Zucht in enger Zusammenarbeit mit der Spanischen Reitschule nach alter Tradition fortgeführt. Daneben existieren größere Gestüte in Lipica, (Stammgestüt; Slowenien), Rumänien (Fogaras), Ungarn (Szilvasvarad), Slowakei (Topolcianky) und Italien (Monterotondo). Im ehemaligen Osteuropa finden Lipizzaner bis heute in der Landeszucht eine gewisse Verbreitung, da sie sich hervorragend als leichte Wirtschaftspferde und zum Gespanndienst eignen.

Weltweit liegt der Bestand bei rund 2.500 Tieren. Die internationalen Zuchten sind in dem weltweiten Verband LIF zusammengefaßt; zahlreiche Splitterbestände existieren in Ländern wie z.B. Deutschland, Südafrika, Skandinavien oder England.

EIGENSCHAFTEN: Ein kompaktes, abgedrehtes Pferd. Der Typ schwankt zwischen barock (= rundlich, kräftig, klein) und modern (= größer, reitpointierter). Gerader oder geramster Kopf, kräftiger Hals, breiter Rücken. Runde Kruppe und rumpfbetonter Körper. Seidiges Langhaar, kleine Hufe. Häufig Schimmel, im Osten auch oft Braune und Rappen. Größe: rund 150 bis 160 cm Stockmaß.

PFERDE

■ NONIUS (A)

Ihren Namen bezieht diese Rasse aus der Zeit der österreichisch-ungarischen Monarchie von dem Stammhengst Nonius, einem Anglo-Normannen aus französischer Zucht. Der 1810 geborene Nonius war als Junghengst im Zweibrücker Gestüt Rosière aufgestellt, wo ihn österreichische Kavallerietruppen 1815 erbeuteten. Über Niederösterreich gelangte er in das ungarische Mezöhegyes, wo er sich hervorragend bewährte. Zwischen 1817 und 1832 zeugte er 79 Hengste und 137 Stuten, die als Noniusrasse binnen weniger Jahrzehnte weithin populär wurden. Nonius Senior starb 28jährig an Altersschwäche und war zu Lebzeiten ein Muster an unverwüstlicher Härte und Gesundheit. Bis zum Jahre 1890 stieg der Bestand auf rund 6.000 Pferde an. Die Nonius waren stets kräftige, robuste Wirtschaftspferde mit einer gewissen Eignung als schwere Reit- und Wagenpferde. Ausdauernd und vor allem hitzeresistent, waren sie die typischen ungarischen Landpferde, welche die Verwendung von Kaltblut in der Tiefebene für lange Zeit unnötig machten. Zuweilen wird die Existenz von zwei Schlägen, einem großen und einem kleinen, behauptet. Diese unrichtige Aussage beruht darauf, daß man in Mezöhegyes die Stutenherde aus praktischen Gründen in zwei Gruppen führte, wobei einzig die Größe als zufällige Unterscheidung diente; genetisch waren beide Herden identisch, auch die Hengste wurden über alle Stuten verwendet. Genetische Fremdeinflüsse durch Lipizzaner, Kladruber und Englische

Nonius (A)

Vollblüter waren vorhanden, wirkten sich aber nicht negativ, teilweise sogar sehr positiv aus.

Nach dem Ersten Weltkrieg wurde die Rasse stark gefördert, nach dem Zweiten Weltkrieg trat sie jedoch rasch in den Hintergrund und starb beinahe aus. In den Gestüten Mezöhegyes und Hortobagy wurde sie langsam revitalisiert und ist seit 1989 ausschließlich in der Puszta von Hortobagy beheimatet. Sie wird heute stark verkreuzt, vor allem mit Vollblut, um leichtere Pferde zu erhalten. Ein Restbestand von ca. 400 Pferden des reinen Typs wird als Genreserve bewahrt und dient zu touristischen Zwecken, vor allem für die sog. Ungarische Post, ein Reiterkunststück. Noniuspferde eignen sich besonders für den Fahrsport und auch als Gewichtsträger unter dem Reiter; Gangvermögen und Temperament sind sehr gut.

EIGENSCHAFTEN: Gut mittelgroßes, sehr kräftiges Pferd mit Ramskopf. Starker Hals, wenig Rist und breiter, tiefer Rumpf. Horizontale Kruppe und hoher Schweifansatz. Sehr kräftige, stabile Beine mit kurzen Fesseln. Insgesamt ein imposantes Pferd für schwere Reiter oder den mittelschweren Zug. Farbe ausschließlich Dunkelbraun oder Schwarz ohne Abzeichen.

■ NORIKER (FARBSCHLÄGE) (A)

Der Noriker soll auf eine uralte Stammform zurückgehen – das Norische Pferd römischer Zeiten. Im Salzkammergut erfuhr die Rasse in der Hand bäuerlicher Züchter während des Mittelalters Verbreitung und Förderung. Die Salzburger Erzbischöfe widmeten sich ebenfalls der Zuchtverbesserung. Dies begann mit Johann Jakob von KUEN um 1580 und setzte sich über Paris Graf LODRON und Guidobald Graf THUN im 17. Jh. fort. Die Gründungen der erzbischöflichen Gestüte und zahlreiche Importe spanischer und neapolitanischer Beschäler gehen auf diese Landesherren zurück. Erzbischof Johann Ernst Graf THUN bestimmte um 1690, daß nur mehr Hengste der veredelten norischen Rasse in der Landeszucht eingesetzt werden sollten, und schuf die älteste Körordnung. Unter Erzbischof Hieronymus COLLOREDO-WALLSEE wurde um 1800 verfügt, daß die Hofgestüte verbessert und die Landeszuchten sich selbst überlassen werden sollten. Salzburg war ein von politischen Wirren arg gebeuteltes Land, was die Zuchtarbeit erschwerte. Erst nach dem Frieden von Paris 1815 konnte langsam eine kontinuierliche Aufbauarbeit erfolgen, die jedoch noch Jahrzehnte dauerte. Im späteren 19. Jh. wurden mit wechselndem Erfolg belgische und englische Hengste eingesetzt, ab 1885 schuf man jedoch eine neue Körordnung, welche auf völliger Reinzucht bestand. Die Noriker in ihren lokalen Ausformungen waren bis nach dem Zweiten Weltkrieg die einzige Kaltblutrasse, die in Österreich in großem Umfang zum Einsatz kam. Mit dem

PFERDE

*Noriker
(Tigerstute)
(A)*

Niedergang der Zucht infolge der Mechanisierung kam es zu einer Verlagerung auf die Fleischproduktion, die staatlich gestützt wurde.

Einige Hengstlinien waren und sind mit dem Vorkommen verschiedener Farbschläge verbunden. Die Sonderfarben Mohrenkopf (grau mit dunklem Kopf und Beinen), Tiger (getupft) und Kuhscheck (große Plattenscheckung) treten zwar selten, doch innerhalb der Rasse immer wieder auf. Allein die Kuhschecken sind beinahe ausgestorben, die beiden anderen Farbschläge sind noch züchterisch etwas breiter verankert. Sie alle gehen auf die Einkreuzungen von iberischen und neapolitanischen Hengsten zurück, in deren Ahnenhintergrund das sog. Villano-Pferd Nordspaniens vorkommt, das ebenfalls stark gezeichnet oder bunt war. Interessant ist, daß die bunten Noriker oft eine Neigung zu leichtem Körperbau und eleganten Bewegungen zeigen – ein Erbe der iberischen Vorfahren? Sie eignen sich daher besonders als Freizeitpferde und werden von einigen wenigen Züchtern speziell vermehrt, die Kuhschecken auch von der Universität für Veterinärmedizin.

EIGENSCHAFTEN: Mittelgroßes und mittelschweres Kaltblutpferd von rund 155 bis 162 cm Stockmaß. Etwas grober Ramskopf, starker Hals und wenig Rist. Langer, kräftiger Rücken, runde Spaltkruppe. Langes, gewelltes und dichtes Langhaar, etwas Kötenbehang; mittlere Hufe. Kräftige Beine, nicht immer ganz korrekt gestellt. Gute, ausdauernde Gänge, sehr leichtfuttrig und trittsicher, ideales Wagenpferd, das auch geritten werden kann. Angenehmes Wesen; attraktive Färbung.

■ ROTTALER (D)

Bereits im Mittelalter waren die bayerischen Gebiete des Rottals – der Rottgau – berühmt für ihre Pferdezucht. Nach den Schlachten von Dietfurth (909) und Augsburg (955) gegen die Ungarn blieben zahlreiche magyarische Beutepferde im Land und wurden der heimischen Zucht einverleibt. Die sog. Rottaler Füchse waren begehrte, leichte Reitpferde und erfuhren wohl durch die auf den Kreuzzügen erbeuteten Orientalen weitere Veredelungen. Im 16. Jh. begann die planvolle Zucht mit der Aufstellung herzöglicher Beschäler in ausgewählten Klosterbetrieben, allen voran Ansbach und Griesbach. Im 17. Jh. verwüsteten die Pest und der Dreißigjährige Krieg die Lande und richteten auch in der Pferdezucht Bayerns großen Schaden an. Mit der Errichtung von Landgestüten und der zentralen Beschälanstalt Landshut wirkte man dem entgegen. Nach kurzem Aufschwung gab es erneute Rückschläge durch die übertriebene Veredelung mit Orientalen sowie durch die Napoleonischen Kriege. Ab 1818 baute man wieder auf und verwendete dazu zuerst englische Cleveländer und Yorkshires und ab 1857 die jenen verwandten schweren Oldenburger Hengste. Besondere Bedeutung erlangte der Cleveländer Hengst Roseberry, der zwischen 1854 und 1867 zahlreiche erstklassige Nachzucht zeugte. Um 1900 war die Aufbauphase beendet, und man kann ab diesem Zeitpunkt von einem schweren Warmblut auf Oldenburger Grundlage sprechen; 1906 wurde das Zuchtbuch eingerichtet.

Rottaler (D)

Die Rasse überdauerte die beiden Weltkriege ohne Schaden und wurde besonders in jenen Zeiten geschätzt, als man in der Landwirtschaft das schwere Warmblut alternativ zum Kaltblut und den noch seltenen Maschinen einsetzte. Nach einiger Zeit erlitt der Rottaler das Schicksal aller ähnlichen Rassen – er wurde als Opfer der Mechanisierung unmodern. Man hatte die Möglichkeit der Umzüchtung zu einem Sportpferd mittels Trakehner- und Hannoverscher Hengste zwar versucht, doch konnte das Zuchtgebiet – wie Bayern überhaupt – nicht mit den Hochzuchtgebieten im Norden Schritt halten. Die Rasse ist heute praktisch verloren, da nur mehr einige Dutzend mehr oder weniger reinrassiger Stuten vorhanden sind. Rottaler sind aufgrund ihres guten Charakters und ihrer kraftvollen Statur als Freizeit-, Reit- und Fahrpferde geeignet.

EIGENSCHAFTEN: Breites, tiefes und extrem kräftiges Warmblutpferd im Wirtschaftstyp, auch als schwerer Karossier geeignet. Langer, gerader oder leicht geramster Kopf mit sehr freundlichem Ausdruck. Gute Oberlinie, kurze, kräftige Beine und üppige Bemuskelung. Gute Schulter und Kruppe, große Hufe. Meist Braune mit kleinen Abzeichen; Größe: um 164 cm Stockmaß.

■ SCHLESWIGER KALTBLUT (D)

Die Geschichte dieser Rasse ist eng mit der des Jütländers verwoben. Schleswig-Holstein war bis 1866 in dänischem Besitz, und die Zuchtgrundlage war daher eine dänische. Die Geschichte der frühen Zucht ist beim Jütländer nachzulesen. Eine deutliche Unterscheidung kam erst mit der preußischen Annexion Schleswig-Holsteins zutage. Um 1866 begann eine Periode der planlosen Kreuzungszucht, welche bis rund 1888 dauerte. Der seither ansteigende Prozentsatz an Füchsen – heute sind es ausschließlich solche Pferde – ist dem starken Einfluß der Nachkommen Oppenheims zu verdanken (siehe Jütländer). Die ursprünglich braune Farbe verschwand allmählich. 1888 erließ die Preußische Gestütsverwaltung eine Verordnung, die nur zwei Zuchtrichtungen vorsah, eine leichte, warmblütige in Holstein und eine schwere, kaltblütige in Schleswig. Damit war die Entwicklung des Schleswiger Kaltblutes eingeleitet. Sie wurde durch die extreme Popularität der Nachkommen Oppenheims begünstigt und ermöglicht. 1875 wurde eine Körordnung erlassen, die dem wilden Decken mit ungeprüften Privathengsten ein Ende machte.
1891 erfolgte die Gründung des Verbandes Schleswiger Pferdezuchtvereine, welcher nun ein mittelschweres Kaltblutpferd propagierte, das allen Anforderungen an ein vielseitiges Arbeitspferd entsprach. Die Qualität der Rasse wurde durch eine strikte Zuchtpolitik rasch angehoben, was zu weitreichenden Exporten in alle anderen deutschen Gebiete führte.

PFERDE

Schleswiger Kaltblut (D)

Schleswiger waren robuste und frühreife Pferde, die vor allem ein gutes Trabvermögen besaßen. Sie waren besonders als Omnibuspferde beliebt und gesucht.

Vor dem Ersten Weltkrieg war der Bestand gewaltig angewachsen, und der Zuchtverband zählte 3.000 Mitglieder. Nach dem Krieg verlor man große Gebiete an Dänemark, somit auch viele Pferde. Der Bestand an Tieren und die Zahl der Züchter waren deutlich geschrumpft, dennoch erholte sich die Rasse schnell. Bis in die fünfziger Jahre lag der Bestand außerordentlich hoch, doch dann änderte sich der Trend, und bald gab es nur mehr wenige Dutzend Pferde. Der Bestand ist heute relativ stabil, wenn auch gering. Als Rückepferde und für Planwagenfahrten im Tourismus sind Schleswiger sehr beliebt.

EIGENSCHAFTEN: Mittelgroßes, sehr harmonisches Kaltblutpferd. Markanter, leicht geramster Kopf; kräftiger Hals. Breiter, tiefer Rumpf mit gutem Rücken; gute Schulter. Beine für ein Kaltblut eher lang, mit korrekten Gelenken und guten Hufen; deutlicher Behang. Farblich treten fast nur Füchse auf, die helles Langhaar und hellen Behang besitzen; ganz selten Braune und Schimmel. Ausdauerndes, robustes Arbeitspferd mit elastischer, raumgreifender Aktion in Schritt und Trab.

■ Schwarzwälder Kaltblut (Fuchs) (D)

Von jeher züchtete man im Gebiet des Kinzigtals und nördlichen Hotzenwaldes, besonders um die Klöster St. Märgen, St. Blasien und St. Peter, sehr brauchbare Arbeitspferde. Bereits im Mittelalter erwähnen alte Schriften die eigenständige Pferdezucht des Schwarzwaldes; neben seinen landwirtschaftlichen Aufgaben wurde das lokale Pferd stets auch als Reittier der begüterten Bauern verwendet. Im 17. und 18. Jh. stand die Zucht auf einem für damalige Zeit bemerkenswert hohen und einheitlichen Niveau, das auch durch gelegentliche Einkreuzungen nicht beeinträchtigt wurde. Seit dem 18. Jh. wurden gelegentlich norische Hengste aus Österreich, zu dem die Klöster damals gehörten, eingeführt. Die hohen Anforderungen im täglichen Gebrauch und das entlegene Zuchtgebiet verhinderten stets ein Durchschlagen neuer Einflüsse. 1880 wurde vom Staat ein Körgesetz verordnet, das mancherlei Fremdeinflüsse bescherte und die heimischen Hengste benachteiligte. Allerdings konnte es sich nicht durchsetzen, da die Bauern es mißachteten und anstatt der staatlichen Kaltbluthengste schweren Typs weiterhin ihre eigenen im „schwarzen Sprung" verwendeten. 1896 wurde ein Zuchtverband gegründet, der konsequent alle ungeeigneten Nachkommen fremdblütiger Hengste ausmusterte. Der Linienbegründer Mittler im Originaltyp half mit, die Population wieder zu verbessern, und verstärkte die typische Fuchsfarbe. Daneben wurden 41 norische Hengste aus Bayern und Österreich eingesetzt, die sich gut zur Auffrischung eigneten und deren Nachzucht rasch assimiliert werden konnte. In den folgenden Jahrzehnten entstand

Schwarzwälder Kaltblut (D)

die Basis der heutigen vier Hengstlinien: Deutschritter, Milan, Reith-Nero und Wirts-Diamant. Die Fellfarbe wurde zunehmend einheitlicher, obwohl es früher alle Grundfarben gab; heute sind nahezu alle Schwarzwälder Kaltblüter Füchse mit hellem Langhaar, wie es die Rassebezeichnung aussagt. In den Vor- und Nachkriegsjahren vermehrte sich die relativ kleine Zucht, um jedoch – wie alle anderen – nach 1950 eine Talfahrt anzutreten. 1973 gab es noch ganze 187 eingetragene Stuten und fünf Hengste. Durch den langsam einsetzenden Tourismus und die staatliche Förderung nahm die Zucht ab etwa 1980 einen langsamen Aufschwung und ist heute relativ gesichert. Im Gestüt Marbach auf der Schwäbischen Alb stehen heute etliche wertvolle Beschäler; die Rasse findet als Reit- und Zugpferd im Tourismus oder beim Holzrücken wieder ein ihr entsprechendes Einsatzgebiet und hat viele Anhänger.

EIGENSCHAFTEN: Das kleinste und edelste deutsche Kaltblutpferd, mit viel Nerv und Gang, dabei charmant und robust. Die sehr einheitliche Rasse ergibt schöne Paßgespanne, die im Tourismus geschätzt werden. Bei rund 152 cm Höhe sind die Tiere sehr kompakt und kräftig, mit edlem Kopf und starkem Hals. Der Rumpf ist betont tonnig, und die Beine sind kurz und sehr stabil, wenig Behang, harte Hufe. Die hübsche Jacke der Kohlfüchse ist in Verbindung mit dem extrem dichten, weißen Langhaar sehr attraktiv. Ideales Pferd für Freizeit und Landwirtschaft.

■ SCHWERES DEUTSCHES WARMBLUT (D)

Unter dem Begriff „Schweres Warmblut" ist im deutschen Sprachraum jener Typ zu verstehen, der vor allem in den norddeutschen Zuchtgebieten und der ehemaligen DDR (nördliches Niedersachsen, Ostfriesland, Sachsen, Thüringen) heimisch war, ehe man an die flächendeckende Veredelung mit Vollblut ging, um moderne Sportpferde zu erhalten. Das Schwere Warmblut stellte ursprünglich die überwiegende Mehrzahl der Kutschpferde um 1900; später wurde es als landwirtschaftlicher Typ in Konkurrenz zum Kaltblut gezüchtet. In der jüngsten Vergangenheit wurde der Typ – der unter leicht divergierenden Bezeichnungen auftritt – nahezu völlig dem Aussterben überlassen, nur kleinste Populationen überlebten. Heute scheint der kleine Bestand relativ gesichert zu sein.
Die Oldenburger und ostfriesische Pferdezucht standen von jeher auf hohem Niveau. Im Mittelalter produzierte man weithin gesuchte Ritterpferde; später wurde durch den häufigen Einsatz von Veredlerhengsten, vor allem aus Spanien, Italien und dem Orient, ein nobles Paradepferd geschaffen, das sich durch Eleganz und bunte Färbung auszeichnete. Graf Anton GÜNTER (1603–1667) war ein berühmter Förderer der barocken Zucht Oldenburgs, die damals schon Weltruhm besaß. In Ostfriesland wurde die Landeszucht durch die reichen Deichgrafen gefördert. Beide benachbarten Zuchtgebiete standen von jeher in regem Aus-

Schweres Deutsches Warmblut (D)

tausch, die Rasse Schweres Warmblut wird zu Recht heute als Oldenburger-ostfriesische Zuchtrichtung bezeichnet. Die erste Hengstkörung erfolgte 1715 durch Fürst GEORG ALBRECHT von Ostfriesland. Ab 1815 kam es zum verstärkten Einsatz oldenburgischer Hengste im Nachbarland. 1861 gründete Oldenburg seinen Zuchtverband, 1869 folgte ihm Ostfriesland nach. 1880 wurde die Zufuhr von jeglichem anderem Blut in Ostfriesland untersagt, so daß beide Rassen verschmolzen. 1923 wurden die beiden Stutbücher vereint und zum Schutze der Reinzucht geschlossen. Schon um die Wende vom 19. zum 20. Jh. erfolgten größere Exporte von Pferden aus dem Zuchtgebiet nach Sachsen, Thüringen, Schlesien und Dänemark. Dort entstanden in der Folge wichtige Nachzuchtgebiete, die heute den erforderlichen Blutaustausch mit dem alten Zuchtgebiet pflegen. Sachsen und Thüringen stellen heute die überwiegende Mehrzahl der Pferde im Typ Schweres Warmblut. Im Landgestüt Moritzburg besteht heute ein Zentrum der Hengsthaltung und Vermarktung, nachdem sich die ehemalige Zuchtleitung der DDR lange Zeit an der aktiven Vernichtung der Rasse beteiligt hatte.

EIGENSCHAFTEN: Schweres, ruhiges und starkes Warmblutpferd von noblem Typ und großer Ausstrahlung. Unter dem Sattel als Gewichtsträger und vor dem Wagen als prachtvoller Karossier einsetzbar, dabei auch für alle landwirtschaftlichen Arbeiten zu gebrauchen. Die großen, stets dunkel gefärbten Pferde sind robust, einfach zu halten, stets arbeitswillig und von bestem Wesen. Gute Gänge, Zugfestigkeit und schönes Exterieur. Heute gerne im Tourismus und als Freizeitpferde verwendet. Größe: von 160 bis 175 cm; meist Dunkelbraune und Rappen mit kleinen Abzeichen.

PFERDE

■ SENNER PFERD (D)

Die Senner-Zucht geht auf ein halbwildes Gestüt zurück, das in einem Heide- und Waldgebiet bei Lopshorn lag, das Senne hieß. Früher gehörte das Gebiet zum Fürstentum Lippe-Detmold, heute zu Westfalen. Bereits im Mittelalter wurden Pferdeherden in diesem Gebiet urkundlich erwähnt. Die Tiere wurden in relativ geringer Zahl planmäßig gezüchtet, wobei man ihre Kraft und Härte schätzte. Die karge Weide des rund 20.000 ha großen Wildgestütes ernährte nur rund 50 Stuten und einige Hengste. Die Zucht diente der Versorgung des fürstlichen Marstalles mit Reit- und Wagenpferden und hatte bis in die jüngste Vergangenheit keinen Einfluß auf die Landeszucht. Die früher üblichen Geschenke von Paradepferden führten dazu, daß es in der Zucht eine betont iberische Komponente gab, die sich in ausgefallenen Farben, einem Ramskopf und hoher Aktion manifestierte. Ab etwa 1700 erfolgte die Umstellung des Hengstmaterials auf vornehmlich orientalische und englische Vollbluthengste. Dadurch wurde der Typ vom barocken Nobelpferd – in dem sich durch die extensive Haltung noch Merkmale des Tarpans fanden – zu einem edlen Halbblutpferd gewandelt. Die extrem harte Aufzucht forderte stets zahlreiche Opfer unter den Stuten und Fohlen, was zur ausgeprägten Härte der Rasse beitrug. Letztere wurde nur über die Hengste erneuert, die Kontinuität lag bei den Stuten, von denen vier eigene Stämme begründeten. Nur einer, jener der Stute David, geb. 1725, konnte bis heute über-

Senner Pferd (D)

PFERDE

dauern, alle derzeitigen Senner Pferde gehen auf ihn zurück. Bis zur Enteignung des Lippeschen Besitzes im Jahr 1919 wurde die Zucht mit wechselndem Erfolg weiter betrieben, allerdings wurde der Bestand ab etwa 1870 ständig reduziert. Im Zeitraum bis 1935 übernahm der Verband Lippescher Pferdezüchter die Zuchtagenden, mit einem Mindestbestand von zehn (!) Tieren. Aus finanziellen Gründen wurde die Zucht 1935 durch eine Auktion aufgelöst. Bis in die Nachkriegszeit erhielt die Holländerin Julie IMMINK eine Herde auf Schloß Lopshorn; später wurden die Bestände in Utrecht, Lüpke und Offenhausen bewahrt. 1976 begann Karl-Ludwig LACKNER mit dem Aufbau einer Herde, die sich bis heute vermehrt und z.T. im Detmolder Freilichtmuseum lebt. Andere Privatzüchter stießen dazu, und die wenigen existierenden Senner werden heute als elegante und nützliche Reitpferde geschätzt.

EIGENSCHAFTEN: Ein sehr hartes und immens brauchbares Pferd, bietet sich der Senner als Reittier an. Bei einer Höhe um 162 cm ist er ein edles Modell mit langen Linien und harmonischem Exterieur. Vorherrschend sind Braune und Schimmel, selten Füchse. Die Rasse eignet sich für den Turniersport, aber auch für das Fahren und als Freizeitpferd. Hin und wieder kommen die Merkmale des primitiven Ur-Senners mit Tarpanblut zum Vorschein, wie z.B. ein Aalstrich. Die Härte und Genügsamkeit der Rasse werden gelobt.

■ WÜRTTEMBERGER (ALTER TYP) (D)

Das Herzogtum Württemberg war ursprünglich kein klassisches Pferdezuchtland. Jedoch waren die diversen Regenten stets bemüht, die Gestüts- und Landeszucht anzuheben, wenn auch manchmal mit wechselndem Erfolg. Unter ihnen sei zuerst Herzog LUDWIG erwähnt, der Gründer des heutigen Landgestütes Marbach (1575), der erstmals Hengste aus seinen Hofgestüten in die Landeszucht schickte. Unter Herzog WILHELM LUDWIG wurden um 1670 alle Hengste den Bauern gratis zur Verfügung gestellt. Unter KARL EUGEN erreichte die Zucht einen Höhepunkt; unter König WILHELM wurde das berühmte Arabergestüt Weil gegründet, dessen Zuchtprodukte mehr oder weniger großen Einfluß auf die Landeszucht nahmen. 1932 wurde die Weiler Zucht dem Staat geschenkt. Auf die Orientalen folgten einige englische Yorkshire- und Vollbluthengste, die sich positiv vererbten.

Unter Landstallmeister VON HOFACKER folgte eine Phase der planmäßigen Konsolidierungszucht, die von ostpreußischem und Anglo-Normänner Zuchtmaterial geprägt war. HOFACKER stellte das Zuchtziel auf den Typ des kräftigen Artillerie-Stangenpferdes um und baute einen derartigen Stutenstamm auf, wobei das rauhe Klima der Alb hinderlich

PFERDE

*Württemberger
(Alter Typ)
(D)*

war. Bis zum Beginn des 20. Jh.s wurde kein Fremdblut verwendet. Erst 1903 bis 1923 wurden insgesamt 23 Alt-Oldenburger Hengste und ein Anglo-Normänner verwendet. Der eigentliche Stammvater der heute fast ausgestorbenen Alt-Württemberger war der Normänner Cob Faust. Dieser kleine, bullige Hengst wurde 1888 durch VON HOFACKER gekauft und erwies sich als absoluter Stempelhengst. Er brachte die gesuchten Eigenschaften in die Rasse und vererbte sie durchschlagend. Seine Nachkommen wurden durch planmäßige Inzucht in ihren Merkmalen gefestigt. Im Rahmen der Umstellung der Rasse ab 1960 auf ein Sportpferd wurden die alten Typen verdrängt. 1988 kam es zur Gründung eines Vereines zu ihrer Erhaltung; man suchte die wenigen Pferde alter Herkunft zusammen und stellte zwei geeignete Hengste auf. Die Hengste Sorent und Edano halfen beim Erhalt der Rasse, die jedoch nicht mehr unverkreuzt existiert.

EIGENSCHAFTEN: Ein mittelgroßes, kräftiges Warmblut im Wirtschaftstyp, das praktische Größe, Kraft und Gängigkeit vereint. Die Pferde sind sehr futterdankbar, robust und witterungsunempfindlich; sie sind trittsicher und zugfest und besitzen einen guten Charakter. Langlebigkeit und Leistungsbereitschaft sind typische Merkmale der Rasse, die meist in den Farben Braun oder Schwarz auftritt. Edler Kopf, harmonische Linien und stabile Beine mit harten Hufen.

Esel

■ ÖSTERREICHISCH-UNGAR. ALBINOESEL (A)

Die Bezeichnung Albino ist bei Equiden nicht ganz zutreffend, da es sich bei scheinbar unpigmentierten, daher weiß-gelben Tieren mit hellen Augen um eine spezielle Form der Farbverdünnung handelt. Ein rezessives, farbverdünnendes Gen kann in einer bestimmten Konstellation die Einlagerung von Pigmenten in Haaren, Haut und Regenbogenhaut verhindern. Die Haut ist daher rosa, das Fell gelblich-weiß und die Augen aufgrund der Stärke der Iris hellblau, niemals rot. Im alltäglichen Sprachgebrauch kann jedoch von Albinos gesprochen werden, da sich die Eigenschaften sehr ähneln.

Zu Zeiten der österreichisch-ungarischen Monarchie waren solche Esel beliebte Spielzeuge und Parktiere der reichen Gutsbesitzer. ALTMANN führt ihre mögliche Herkunft auf italienische Albinoesel zurück, die zur Zeit des Barock über Neapel nach Österreich gelangten. Damals schätzte man außergewöhnliche Farben bei Pferden, also vermutlich auch bei Eseln. ALTMANN erwähnt eine Restpopulation solcher Albinoesel auf Sardinien und einer weiteren Insel. Allerdings bewegt man sich hierbei auf dem Gebiet der Spekulation. Körperlich unterscheiden sich Albinoesel nicht von ihren gefärbten Artgenossen, bis auf die auffallende

Österreichisch-ungar. Albinoesel (A)

Färbung. Heute werden solche Tiere in kleinen Populationen in diversen Tierparks in Österreich und Ungarn gezüchtet, der Gesamtbestand ist sehr klein. Eine Zuchtherde steht im steirischen Tierpark Schloß Herberstein. Im Gegensatz zu den Albinoeseln kennt man auch Schimmelesel, die vor allem in südlichen Ländern noch häufiger vorkommen. Bekannte Populationen waren jene aus dem bulgarischen Zarengestüt und der Mazedonischen Ebene. Wie alle Esel eignen sich auch Albinos zum Reiten, Ziehen und Tragen von Lasten und sind geduldige Gefährten für Kinder. Aufgrund der Pigmentschwäche ist ihnen extremes Sonnenlicht unangenehm, sie können Haut- und Augenprobleme bekommen. Dies trifft nicht für Schimmelesel zu, die dunkle Haut und Augen besitzen.

Der Albinoesel kann aufgrund der heutigen Zuchtsituation nicht als Rasse bezeichnet werden, da hierzu einige notwendige Einrichtungen (Standard, Zuchtbuch) und Voraussetzungen (Populationsgröße) fehlen. Es handelt sich jedoch um eine interessante Population, die bewahrt werden sollte.

Rinder

■ AUEROCHSE (URFORM)

Als Stammform aller heute domestizierten Rinderrassen Europas wird der Auerochse *(Bos primigenius)* angesehen. In Indien gab es eine weitere Stammform, *Bos primigenius namadicus,* die als Vorfahre der höckerigen Zeburinder angesehen wird, welche Afrika und Asien bevölkern. In Nordafrika gab es *Bos primigenius opisthonomus;* beide Letztgenannten starben vor Jahrtausenden aus.

Der Auerochse war ein über ganz Eurasien verbreitetes und biologisch erfolgreiches Rind, das seine größte Verbreitung im Pleistozän und Holozän erfuhr, allerdings in Amerika nicht vorkam. Infolge der starken Bejagung und möglicherweise aufgrund schwindenden Lebensraumes ging der Bestand ab der Bronzezeit deutlich zurück und verschwand an den Randzonen des Verbreitungsgebietes bald völlig. In Mitteleuropa erhielt sich das Urrind angeblich noch länger, vor allem in den dünn besiedelten Wald- und Marschzonen Osteuropas. Das letzte Exemplar soll 1627 in Polen erlegt worden sein. Seither ist das Tier unwiederbringlich ausgestorben, alle sogenannten Rückzüchtungen beruhen lediglich auf einer rein äußerlichen Ähnlichkeit, die uns ein Bild vom Aussehen des Ur vermittelt – genetisch ist der Zusammenhang ein sehr geringer.

Auerochse

Auerochsen bevölkerten die Wald- und Buschzonen Europas und Asiens in geographisch unterschiedlichen Formen. Sie waren neben dem Wisent *(Bison bonasus)*, dem europäischen Waldbüffel, der übrigens nie domestiziert wurde, eine bevorzugte Jagdbeute und ein ausgesprochen „edles" Wild, das Adeligen vorbehalten war. Zwischen den beiden Geschlechtern bestand ein ausgeprägter Dimorphismus (Formunterschied), welcher die archäologische Auswertung der Knochenfunde behinderte; man glaubte, es mit zwei verschiedenen Formen zu tun zu haben, tatsächlich stammten die Funde nur von Stieren und Kühen derselben Form. Vor einigen Jahrzehnten versuchte man in Polen und Deutschland, durch planmäßige Kreuzungen ein Ebenbild des Originals zu „erzüchten". Erfolgreich wurde dies von den Zoologen Lutz und Heinz HECK durchgeführt; beide waren übrigens Direktoren berühmter Tierparks – Berlin und Hellabrunn.

EIGENSCHAFTEN: Der Ur war ein sehr großes Rind, Kühe maßen rund 150 cm, Stiere konnten bis zu 180 cm hoch werden. Die Farbe mag variiert haben, man glaubt aber, daß die Kühe rötlichbraun und die Stiere schwarzgrau waren; beide Geschlechter hatten helles Maul, Rückenstreifen und Sattel. Große und sehr dicke Hörner von regional unterschiedlicher Form, meist vorwärts-aufwärts geschwungen. Robust, langbeinig und temperamentvoll; angriffslustig, schnell und ausdauernd.

■ ANGLER RIND (D)

Die Rasse stammt von der Halbinsel Angeln an der Schleswig-Holsteiner Ostküste, nahe der dänischen Grenze. Man vermutet, daß auf den guten Niederungsböden schon sehr früh Milchvieh gehalten wurde. Erste Hinweise auf die Rasse stammen aus dem 17. Jh., doch waren die Tiere damals sehr uneinheitlich. Im 18. Jh. erhielt die Angler Landwirtschaft insgesamt bedeutende Impulse durch den Theologen und Agronomen Probst LÜDERS, so auch die Viehwirtschaft. Das Angler Rind stand im Mittelpunkt der landwirtschaftlichen Bemühungen, die schon früh durch Vereine vorangetrieben wurden. 1843 wurde die Kennzeichnung mittels Brandzeichen eingeführt, 1858 legte man sich auf die Reinzucht fest, 1879 wurde das Herdbuch eingerichtet. Die Rasse war stets als milchbetontes Zweinutzungsrind aufzufassen, da man Rinder in dieser Region nicht anspannte. 1896 wurden zur besseren Organisation der Schleswig-Holsteiner Viehzucht für die einzelnen Rassen feste Zuchtbezirke definiert und Zuchtverbände gegründet. Als um die Wende vom 19. zum 20. Jh. der Absatz von Milch und Käse beträchtlich anstieg, wuchs auch der Rinderbestand. Schon damals war die Rasse weit über Deutschland hinaus verbreitet; Dänemark, Schweden, Polen, Rußland, Italien und Argentinien importierten sie; in Deutschland gab es rund 70.000 Tiere. Bis 1936 erlebte die Rasse

Angler Rind (D)

einen weiteren Aufschwung; die Hauptzucht lag in den Kreisen Schleswig und Flensburg, Zuchtinseln bestanden im Saarland, in Bayern und Sachsen. Bis in die Nachkriegsjahre wurden Typ und Milchleistung der Angler Kuh ständig verbessert, bis man von der „Deutschen Butterkuh" sprechen konnte. Die Anhebung von Größe und Gewicht war während und kurz nach dem Krieg wieder zweitrangig geworden. Seit 1945 sind die Angler mit den anderen – nicht verwandten – Rotviehschlägen im Verband deutscher Rotviehzüchter zusammengefaßt worden.

In der Nachkriegszeit wurden Angler in alle übrigen deutschen roten Rinderrassen – und auch in die gelben Glanrinder – eingekreuzt, oft in einem Ausmaß, das einer Verdrängungskreuzung nahekam. Exportiert wurde vor allem in die Sowjetunion. Der Bestand ging infolge der Konkurrenz anderer Rassen drastisch zurück, heute sind nur mehr wenige reinrassige Bestände vorhanden.

EIGENSCHAFTEN: Feiner, mittellanger Kopf, seitwärts-vorwärts gebogene Hörner. Schlanker Hals, wenig Wamme. Tiefer, tonniger Rumpf, gerader Rücken mit guter Bemuskelung, volle Flanken. Nicht besonders starkes Fundament, jedoch klare, stabile Gelenke und harte Klauen. Flotzmaul, Zunge und Klauen grauschwarz; Euter oft fein behaart. Das ganze Tier soll kräftig rotbraun sein, wobei es dunklere und etwas hellere Schattierungen gibt, Bullen sind oft dunkler. Temperamentvolles, milchbetontes Rind, robust, leichtkalbend, marschfähig.

■ Ansbach-Triesdorfer Rind (D)

In der Region um das fränkische Ansbach wurde ursprünglich wohl gelbes Mainländer Vieh gehalten, aber auch gescheckes und rotes Landschlagsvieh. Ab dem 18. Jh. unternahmen die Landesherrn, allen voran und zuerst der „Wilde Markgraf", CARL FRIEDRICH WILHELM, alles, die Rinderzucht zu verbessern. Dazu wurde auf dem Mustergut Triesdorf zuerst eine „Holländerey" mit friesischen Niederungsrindern angelegt. Einige Importe erfolgten, und die Tiere wurden auch den Bauern der Region zur Zucht verfügbar gemacht, allerdings mit nur mäßigem Erfolg. CARL ALEXANDER, Sohn des Wilden Markgrafen, holte dagegen Schweizer Höhenrinder ins Land, die sich besser bewährten; das Mustergut wurde zur „Schweitzerei".

Triesdorf wurde preußische Staatsdomäne, und man holte erneut Rinder aus der Schweiz, diesmal aus dem Unterland; spätere Importe aus dem Mürztal und dem Allgäu bewährten sich nicht. Ab 1860 wurde erneut und verstärkt Simmentaler Vieh importiert, daneben auch einige Male Niederungsvieh. Ab der Mitte des 19. Jh.s war die Rasse ein mehr oder weniger homogener Mischtyp von beachtlicher Größe, der häufig die typische Zeichnung der Gelb-, Rot- oder Schwarztiger aufwies. Die Hauptnutzung bestand in der Zugleistung, die meist von Ochsen oder Kühen erbracht wurde und weit über dem Durchschnitt lag. Dane-

Ansbach-Triesdorfer Rind (D)

ben war die Fleischleistung der frohwüchsigen Ansbacher Rinder sehr gut, die Milchleistung noch immer respektabel. Die Rasse breitete sich zwischen 1860 und 1890 bis Oberfranken, Nordschwaben und sogar nach England und Frankreich aus.

Das Körgesetz von 1888 machte mit der Kreuzungszucht Schluß; von da an wurde in Reinzucht und ausschließlich mit Tigerschecken gezüchtet, die zum Zuchtziel gemacht wurden. Damit wurde der Bestand sehr klein und die Rasse geriet in ernste Schwierigkeiten. Nach einigen erfolglosen Rettungsversuchen blieben reinrassige Bestände nur im Städtchen Leutershausen, der Uffenheimer Bucht und im Altmühltal noch einige Jahrzehnte bestehen. 1987 wurde man erneut auf die Rasse aufmerksam, 1992 wurde ein Spezialverein gegründet.

> **EIGENSCHAFTEN:** Der Typ war stets etwas uneinheitlich und schwankte zwischen hagerem Niederungs- und kompaktem Höhenrind. Allgemeine Merkmale sind die beachtliche Größe und das hohe Gewicht – vor allem der Ochsen – bei sehr kräftigen Beinen. Der Gang ist fleißig und raumgreifend, die Zugleistung enorm. Große, breite Köpfe, behornt. Tiger und Mohrenköpfe sind die typischen und einzigen erlaubten Farben, wobei zur weißen Grundfarbe gelbe oder rote – selten schwarze – Abzeichen kommen. Kleines, derbes Euter.

■ BRAUNVIEH (ORIGINAL-, MONTAFONER-) (D, A, CH)

Man führt die Ursprünge dieser Rasse auf das uralte Torfrind der Eisenzeit zurück. Eine Quelle des Jahres 1872 beschreibt es als Zwischenform vom großen Schwyzer und kleinen Allgäuer Rind und nennt es eine „natürliche" Rasse, also eine alte autochthone Form der Montafoner Region Vorarlbergs. Diese Theorie entspricht im wesentlichen den heutigen Annahmen, die auf eine Verschmelzung der graubraunen Schläge der Schweiz, Vorarlbergs und des Allgäus hinweisen. Der Allgäuer Schlag starb gegen Ende des 19. Jh.s aus, weil er durch Rinderpest und Leistungsdruck verdrängt wurde. In Vorarlberg wurden die Rinder wegen ihrer Milchleistung und ihrer optimalen Anpassung geschätzt und waren in der zweiten Hälfte des 19. Jh.s dort weit verbreitet. Gegenseitige Einflüsse benachbarter Braunviehrassen sind wahrscheinlich; das Montafoner Rind soll bereits auf der Wiener Weltausstellung 1873 wegen seiner Qualitäten Aufsehen erregt haben. Allerdings waren das Gewicht und die Ausschlachtung damals sehr gering, man liest von rund 350 kg und 20 % nutzbaren Teilen (Das Ganze der Landwirtschaft, 1872). Es dürfte sich also um eine extrem genügsame, milchbetonte Höhenviehrasse gehandelt haben, die vorwiegend mit kargem Futter vorlieb nehmen mußte.

RINDER

*Braunvieh
(D, A, CH)*

Nach dem Ersten und Zweiten Weltkrieg kam es in Deutschland zu starken Importen aus Österreich. In sämtlichen Zuchtgebieten folgten bald Einkreuzungen von Brown Swiss-Stieren, zwecks Verbesserung der Milchleistung. Die Rasse Brown Swiss stammt aus den USA, wo sie durch Schweizer Siedler importiert und planmäßig verbessert wurde. Die alten Braunviehschläge Österreichs waren etwas kleiner und leichter als die Brown Swiss, daher besser für die Alpung geeignet. Zudem brachten die amerikanischen Rinder gewisse Erbkrankheiten in die Population ein. Heute sind nur mehr rund 200 Tiere des reinen Schlages vorhanden, diese zumeist alt; die übrigen weisen einen Brown Swiss-Anteil von rund 75 % auf. Um die reingezogenen Bestände von den verkreuzten unterscheiden zu können, spricht man international von „Original Braunvieh". In Deutschland und der Schweiz wurde der Restbestand besser bewahrt als in Österreich. Der Montafoner Schlag gilt inzwischen als ausgestorben.

EIGENSCHAFTEN: Kleines bis mittelgroßes Rind, relativ kurz und dabei gut bemuskelt. Hübscher Kopf. Milchtyp mit guter Mutterkuheignung. Mausgrau bis Dunkelbraun, Hornspitzen, Flotzmaul und Klauen dunkel, Hörner und Ohren hell; Mehlmaul. Sehr langlebig und robust, leicht kalbend und mütterlich. Sehr gute Steigfähigkeit.

RINDER

■ Deutsch-Shorthorn (D)

Die Anfänge der Shorthornzucht liegen in Nordengland, wo in der Grafschaft Yorkshire, Gebiet Teesdale, seit ca. 1750 züchterische Anstrengungen zur Fixierung einer Rasse unternommen wurden. Das Ausgangsmaterial stand im Zweinutzungstyp und führte einen Blutanteil holländischer Rinder. Die Brüder Charles und Robert COLLING schufen durch Linien- und Inzucht einen klaren Typ mit hoher Fleischleistung, andere bevorzugten hohe Milchleistung. Die Rasse mit ihrem 1822 angelegten Herdbuch gilt als die älteste international verbreitete. Über Jahrzehnte wurden die Rinder je nach Zuchtziel in einer der beiden Richtungen gezüchtet, ehe es 1906 zu einer klaren offiziellen Unterteilung in einen Fleisch- und einen Milchtyp kam. Heute überwiegt in Großbritannien das Milchshorthorn, während der Fleischtyp auch dort zu den gefährdeten Rassen zählt. Irland verfügt noch über den alten fleischbetonten Zweinutzungstyp.

Um 1840 kam es zur Schaffung einer Shorthornzucht in Schleswig-Holstein. Man benötigte Qualitätsvieh für den Export und importierte zuerst Bullen, dann ganze Zuchtherden aus Großbritannien. Zahlreiche lokale Zuchtvereine entstanden, und 1886 wurde die Gesellschaft Deutscher Shorthornzüchter gegründet. 1918 verzeichnete man rund 10.000 eingetragene Kühe, 1937 bereits rund 30.000. Einige Jahrzehnte lang verfolgte man keine klare Typzucht nach Fleisch- oder Milchleistung, erst nach dem Zweiten Weltkrieg kam es zur Trennung in Shorthorn und Fleischshorthorn. Zu dieser Zeit wurde der Milchproduktion der Vorrang eingeräumt, weshalb die Shorthorns durch die Rassen Rotbunte und Schwarzbunte verdrängt wur-

Deutsch-Shorthorn (D)

RINDER

den. Danach ging der Bestand rasch zurück, und 1970 zählte man nur mehr 41 Milchshorthorn- und vier Fleischshorthornkühe unter Milchkontrolle. Anschließend gingen die Milchshorthornbestände im Zuchtverband für Rotbunte Rinder auf, während man für die restlichen Fleischtypen einen eigenen Verband gründete, der heute dem Verband Schleswig-Holsteinischer Fleischrinderzüchter angegliedert ist. Der Bestand liegt heute bei etwa 120 Kühen und 20 Stieren, die hauptsächlich in kleinen Zuchtbetrieben leben, nur drei Herden weisen 20 oder mehr Tiere auf. Seit den Anfängen der Shorthornzucht wurden wiederholt englische Tiere importiert, kürzlich auch ein Bestand kanadischer Rinder hereingeholt. Somit kann eigentlich nicht von „Deutschen" Shorthorns, sondern von einem Nachzuchtgebiet gesprochen werden.

EIGENSCHAFTEN: Mittelgroßes Allroundrind mit deutlicher Neigung zum Fleischtyp. Für Mutterkuhhaltung, Mast und extensive Grünlandpflege bestens geeignet. Die Farbe ist stets eine Schattierung von Rotbraun, die durch weiße Abzeichen aufgehellt wird. Häufig sind die Tiere weiß gestichelt, nur selten treten ganz weiße auf. Früher immer behornt, gibt es heute öfter hornlose Tiere. Kräftiger Körperbau, stabiles Fundament, sehr robust und vital. Gesund, leichtkalbend, leichtfuttrig.

■ ENNSTALER BERGSCHECKE (A)

Aus alten Fleckviehschlägen in der Obersteiermark geschaffen, wobei die Selektion auf weiße Abzeichen an Kopf, Hals, Beinen und Bauch abzielte. Schon im 18. Jh. selten geworden, kamen

Ennstaler Bergschecke (A)

RINDER

um 1880 solche Tiere nur mehr vereinzelt in einigen obersteirischen Tälern vor. Um die Wende vom 19. zum 20. Jh. setzte die massive Verdrängungskreuzung mit Simmentalern ein, 1935 gab es nur mehr im Ennstal einige Bergschecken. Nach dem Zweiten Weltkrieg hielt nur mehr Josef FUSSI aus Hinteregg-Oberwölz die Rasse. 1986 wurde die letzte reinrassige Kuh geschlachtet. Heute ist der Betrieb FUSSI der einzige mit einigen Kreuzungstieren mit Ennstaler Rassemerkmalen. Das genügsame, robuste Bergrind mit hervorragender Fleischqualität kann als ausgestorben gelten, man ist jedoch um eine Rückzüchtung bemüht.

■ EVOLÈNE-RIND (CH)

Hier handelt es sich um eine uralte Walliser Rasse, die vermutlich schon mit den Römern in die Region gebracht wurde. Bis in das 19. Jh. mit der Eringer Rasse gleichgestellt und mit dieser engstens genetisch verwandt, wurde die Rasse erstmals 1859 schriftlich erwähnt. In den beiden heute getrennten Rassen Eringer und Evolène kamen früher Schecken vor, heute ist der Eringer einfärbig dunkelrot bis schwarzbraun. Die Selektion auf Einfärbigkeit wurde ab 1885 eingeleitet und führte zur Abspaltung des Evolèner Rindes von der Hauptrasse. Die Züchter weigerten sich, den Trend zur Einfärbigkeit und die Zuchtspezialisierung auf Kampflust mitzumachen. Im Dorf Evolène, in einem Seitental der Rhone gelegen, und in einigen Nachbargemeinden erhielten sich gescheckte Rinder des Eringer Typs, die zudem nicht auf die rassetypische Aggression selektiert wurden, sondern auf gute Eigenschaften als Zweinutzungsrind. Die typische Kampfeslust blieb jedoch teilweise erhalten. Laut Pro Specie Rara

Evoléne-Rind (CH)

"verkamen die Evolèner immer mehr zu einer Randerscheinung, denn sie genossen keinerlei Förderung. Wenn heute diese Kuhrasse nicht völlig aus den Walliser Alpen verschwunden ist, so ist dies einigen Züchtern zu verdanken, die an ihren Tieren hartnäckig festhielten und sich trotz Geldstrafen und Entzug finanzieller Unterstützung nicht zur Umstellung zwingen ließen".

Die Zahl der Tiere ging rapide zurück, und Anfang der neunziger Jahre stand die Rasse vor dem Aussterben. Übrigens erlitt auch die Schwesterrasse Eringer einige Einbrüche und galt selbst eine Zeitlang als bedroht. Einige neue Züchter konnten geworben werden, und besonders im Oberwallis entstanden neue Zuchten, die sich bald auch jenseits des Lötschberges verbreiteten. Im Februar 1995 schlossen sich die Züchter aus dem Oberwallis mit Unterstützung von PSR zusammen, gründeten die Evolèner Viehzuchtgenossenschaft und legten ein Herdbuch an. Die Evolèner Rinder sind etwas kleiner und leichter als die nahe verwandten Eringer, geben dafür etwas mehr Milch und haben eine hohe Schlachtausbeute aufgrund der feinen Knochen. Die genetische Basis ist noch immer relativ klein, aber die Rasse ist nicht mehr unmittelbar bedroht.

> **EIGENSCHAFTEN:** Mittelrahmiges, attraktives Rind im alpinen Zweinutzungstyp. Rot, schwarz oder braun mit unregelmäßigen weißen Flecken, besonders am Bauch, an der Schulter und Hinterhand. Kleiner, hübscher Kopf mit leicht eingedellter Nasenlinie. Sehr robust und berggängig. Feines Fundament mit harten Klauen, gutes Euter und schöne Bemuskelung. Gesund, leichtkalbend, leichtfuttrig und lebhaft; deutliche Kampflust, jedoch freundlich zum Menschen. Gute Milch- und ausreichende Fleischleistung bei großer Schlachtausbeute.

■ GLAN-RIND (D)

Ursprünglich existierten in Rheinland-Pfalz zwei Schläge, einer davon im Tal der Glan, der andere auf dem Höhenrücken von Donnersberg. Das Glan-Rind war etwas feiner und milchiger, das Donnersberger ein wenig gröber und muskulöser. Beide zusammen waren nicht sehr verbreitet, aber erfüllten ihren Zweck in idealer Weise. Frühe Einkreuzungen erfolgten im 18. Jh. durch Braunvieh und Simmentaler aus der Schweiz. Während der französischen Besetzung von 1803 bis 1815 wurden vermehrt Schweizer Bullen eingesetzt, und die Rasse wurde in Frankreich recht populär. Ab 1820 erfolgte wieder Reinzucht, allerdings wurden die besten Tiere exportiert, und die gesamte Zucht ging aufgrund weit verbreiteter Nachlässigkeit zurück. Diverse Einkreuzungsversuche schlugen fehl, da man nicht verstand, daß die heimische Rasse am besten an die kargen Lebensbedingungen angepaßt war. Simmentaler wurden erneut eingestellt, bewährten sich aber nicht. Man errichtete auch Deckstationen und Musterhöfe, die aber wegen mangelnden Interesses nicht einschlugen.

RINDER

Glan-Rind (D)

1898 gründete man den Zuchtverband für Glan-Donnersberger Vieh in Kaiserslautern, der sich Erhaltung und Reinzucht der Rasse zur Aufgabe machte. Nun begannen diverse Verbesserungsmaßnahmen, wie allgemeine Körung, Herdbuchführung, Förderung von Zuchtbullen, Abhaltung von Zuchtschauen und Errichtung von Musterbetrieben etc. All dies wirkte sich positiv aus und hatte rasch gute Erfolge zum Resultat, desgleichen auch Exporte nach Bayern und ins Erzgebirge. Das gelbe oder rötliche Höhenvieh Glan-Donnersberger Abstammung wurde rasch zu einer Art Verkaufsschlager und durch Einkreuzung von Frankenvieh noch verbessert. Nach dem Ersten Weltkrieg erweiterte sich der Bestand erneut, und die Arbeit des Verbandes Rheinischer Glanviehzüchter ging gut voran. Man forderte nach wie vor ein ausgesprochenes Dreinutzungsrind. Auch die Milchleistung wurde allmählich verbessert; sie wurde nach dem Zweiten Weltkrieg durch Einkreuzung von Rotem Dänischem Milchvieh erneut angehoben. Die diversen Kreuzungsprodukte waren jedoch uneinheitlich und bewährten sich nicht zur Weiterzucht. Man verdrängte die alte Rasse durch Angler und Rotbunte. 1967 wurde der Verband aufgelöst, es kam zu einem extremen Rückgang der einst populären Rasse. 1984 begann die Erhaltungsarbeit eines eigenen Vereines, der inzwischen auf einige Dutzend Rinder verweisen kann.

EIGENSCHAFTEN: Mittelrahmiges, harmonisches Rind; breiter, kurzer Kopf mit hellem Flotzmaul. Oft abwärts geneigte Hörner; Wamme. Fester Rücken, substantieller Rumpf mit guter Bemuskelung und harmonischen Linien. Breites Becken. Farbe nur Gelb oder Rotgelb, manchmal mit Aufhellungen an Bauch und Beinen. Robuste, leichtfuttrige Rasse mit guter Milchleistung von rund 4.000 kg und feinfaserigem Fleisch. Fruchtbar, leicht kalbend, langlebig.

RINDER

■ HAUSWASSERBÜFFEL (A)

Die Hauswasserbüffel *(Bubalus bubalis)* stammen vom Asiatischen Wasserbüffel *(Bubalus arni)* ab. Die Domestikation erfolgte wahrscheinlich in den Reisanbaugebieten von Süd- und Indochina. Sie gelangten laut BÖKÖNYI möglicherweise schon im 7. Jh. nach Europa und waren in Italien und Südosteuropa verbreitet. Auf den Balkan und in die Karpaten kamen sie mit den Türken, in Ungarn tauchten sie im 15. und 16. Jh. auf. ALTMANN unterscheidet zwei Typen von Hausbüffeln, den Sumpf- und den Milchbüffel. Der Sumpfbüffel ist ein Arbeitstier, das auch zur Fleischgewinnung verwendet wird. Der Milchbüffel wird hauptsächlich wegen der fetten Milch gehalten (Mozzarella, ital. Büffelkäse), Fleisch ist das Nebenprodukt. In den büffelhaltenden Donauländern (Rumänien, Ungarn, ehem. Jugoslawien, Bulgarien) wird die Zugleistung zugunsten der Milchleistung zunehmend vernachlässigt. Die Büffel verdauen grobe, zellulosereiche Pflanzennahrung wesentlich besser als echte Hausrinder und sind generell viel genügsamer als diese. Sie benötigen zu ihrem Wohlbefinden jedoch ausreichend Wasser und Schlamm zum Wälzen und Ruhen, da sie trockene Hitze schlecht vertragen.

In Ungarn werden heute noch im Naturschutzreservat Hortobagy und im Balaton-Gebiet einige Populationen von Wasserbüffeln gehalten, die jedoch zum Teil auf rumänische Importe zurückgehen. Der relativ kleine und gedrungene Westungarische Wasserbüffel stellt eine Rarität unter den Haustieren dar; er wird auch im Tierpark Schönbrunn in Wien gehalten, weitere Restbestände sind im Tierpark Güssing, im Steppenzoo Pamhagen, im Nationalpark Neusiedlersee, im Gebiet Kis-Balaton und im Zoo von Veszprem zu sehen. Diese schwarzbrau-

Hauswasserbüffel (A)

RINDER

nen, langhaarigen Büffel können als Dreinutzungsrinder bezeichnet werden. Die Zugleistung ist groß, allerdings nur im langsamen Tempo; die Tiere – vor allem die Ochsen – sind sehr gutmütig und leicht zu führen. Um arbeitsfähig und willig zu bleiben, muß man ihnen während der Mittagshitze Gelegenheit für ein Schlammbad bieten. Beide Geschlechter tragen kräftige, geschwungene Hörner mit dreieckigem Querschnitt. Obwohl sich die verschiedenen Hausbüffelrassen etwas unterscheiden, wird hier aus Platzgründen auf eine nähere Beschreibung verzichtet.

■ JOCHBERGER HUMMEL (A)

Diese wohl seltenste Rasse Österreichs ist eigentlich dem Pinzgauer Rind zuzuzählen. Sie geht auf ein einziges Gründertier zurück, ein 1834 geborenes, weißes Kuhkalb, das bei Kitzbühel (Tirol) auf die Welt kam. Bald waren die typischen hornlosen Nachkommen dieser „Hummel" im Brixental und um Kitzbühel sehr verbreitet. Sie waren sehr friedfertig, allerdings nicht zum Zug verwendbar. Deshalb ließ ihre Popularität auch bald wieder nach. Ende des 19. Jh.s gab es nur mehr wenige Züchter dieser Rasse, 1929 gar nur mehr den Ursprungsbetrieb, welcher die Tiere noch heute in geringer Zahl hält. Man setzt abwechselnd gehörnte zugekaufte Pinzgauer Stiere und selbst gezogene ungehörnte ein. Nach einer beinahe endgültigen Auflösung des Bestandes (zwei Kühe) gibt es heute wieder rund 20 solcher Tiere. Gleicht dem Pinzgauer Rind, ist allerdings genetisch hornlos.

Jochberger Hummel (A)

RINDER

■ KÄRNTNER BLONDVIEH (A)

Bei dieser Rasse liegt der Ursprung ebenfalls etwas im Dunkeln. Man nimmt an, daß vor allem ungarischen Graurinder, dazu aber auch bajuwarische und slawische Rinder beteiligt waren. Auch Schweizer Rinder mit typischer Scheckung mögen Eingang gefunden haben.

Vor der Einführung des offiziellen Namens kannte man diese Rinder als zwei unterschiedliche, aber ähnliche Schläge, die Mariahofer und die Lavanttaler. Erstere stammten aus dem steirischen Gut Mariahof, zum Stift St. Lambrecht gehörig, wo man ein besonders rahmiges und offensichtlich mit Schweizer Fleckvieh verkreuztes Rind züchtete. Dieses breitete sich in die Kärntner Talregionen aus. Der zweite Schlag kam aus dem Lavanttal und stammte von der Kreuzung des Landschlages mit Simmentalern und Frankenvieh. Beide Schläge waren blond (gelb, weißlich, rötlichweiß) und hatten helle Klauen, Hörner und Flotzmäuler. Die Mariahofer waren durchwegs etwas größer und schwerer als die Lavanttaler. Aufgrund der Simmentaler Einschläge kamen immer wieder weiße Gesichter vor, sog. Helmerte. 1890 wurden die beiden Schläge wegen ihrer Ähnlichkeit zum Kärntner Blondvieh zusammengefaßt.

Das Hauptaugenmerk lag auf der Mastfähigkeit und der Zugleistung, wobei man durch gute Fütterung bei Stallhaltung auch respektable Milchleistungen erzielte, die vor allem

Kärntner Blondvieh (A)

RINDER

hohen Fettgehalt aufwiesen. Bei Weidehaltung war der Milchertrag gering, da die Rasse eine Besonderheit aufwies: bei Sonnenlicht stellten sich die Kühe unter schattenspendende Bäume und fraßen nicht, waren daher abends leer. Die Ochsen waren wegen des zarten, hellen Fleisches berühmt. Der größte österreichische Ochse aller Zeiten gehörte dieser Rasse an, er wog rund 1400 kg bei 180 cm Schulterhöhe. Bis nach dem Zweiten Weltkrieg wurde die Rasse stetig verbessert und behielt ihre guten Eigenschaften der Fruchtbarkeit, Härte und Gängigkeit. Dann begann der Rückgang, und obwohl man noch lange Zeit bedeutende Bestände in Kärnten vorfand, wurde die Rasse immer seltener. Sie schrumpfte auf ca. 80 Kühe und zwei Stierlinien in den achtziger Jahren zusammen; in den letzten Jahren konnte der Bestand wieder auf rund 450 Kühe angehoben werden. Es stehen fünf Stiere und Sperma von neun weiteren zur Verfügung.

EIGENSCHAFTEN: Gut mittelgroßes, rahmiges Rind von großer Kraft. Langer Schädel. Farbe Rahmweiß bis Semmelblond. Helles Flotzmaul, bienenwachsfarbige Hörner und Klauen; die Hörner sind leierförmig. Gute Euter bei mittelmäßiger bis hoher Milchleistung, hoher Fettgehalt (bis 5%). Sehr leistungsfähiges, gehwilliges Rind mit guter Alpfähigkeit. Große Härte und Fruchtbarkeit, gute Gewichtszunahme, freundliches Wesen. Erstklassiges, marmoriertes Fleisch.

■ LIMPURGER RIND (D)

Der Name leitet sich von der Grafschaft ab, welche südlich von Schwäbisch-Hall lag und 1803 mit Württemberg vereinigt wurde. Man nannte sie nach einem Hauptverbreitungsgebiet auch Leintäler. SAMBRAUS bezeichnet als Stammform den Schwäbisch-Hällischen Schlag, in den Simmentaler, Grau- und Braunvieh eingekreuzt wurden. Alte Quellen bestätigen jedoch, daß es sich schon seit Jahrhunderten primär um einen Gelbviehtyp gehandelt haben muß.
Bis etwa 1870 wurden Verbesserungsversuche mit roten „Berner Bullen" unternommen, nach dieser Zeit auch mit anderen Rassen. Man wollte unbedingt die an sich guten Eigenschaften dieses idealen Dreinutzungsrindes weiter verbessern. Fleckvieh und Allgäuer Braunvieh bewährten sich nicht, viel besser schlugen schon „Original Schwyzer" Bullen ein, deren Nachkommen meist farbtypisch ausfielen. Interessant ist, daß bereits um 1880 ein deutlicher Rückgang der Rasse einsetzte, den man 1886 aufzuhalten versuchte. Man beschloß, die Reinzucht aufzugeben, und griff zu den oben angeführten Kreuzungen. Um die Wende zum 20. Jh. griff man auf Glan-Donnersberger (wenig erfolgreich) und andere gelbe Höhenviehrassen zurück, die mit dem Limpurger verwandt waren. Besonders

RINDER

Limpurger Rind (D)

bewährten sich die seit 1903 durchgeführten Einkreuzungen von Frankenvieh. Ab 1882 gab es eine verpflichtende Bullenhaltung der Gemeinden; ab 1891 staatliche Bezirksrinderschauen und sogar staatliche Prämien für Jungviehweiden. Dennoch blieb die Gesamtzahl an Limpurgern mit rund 30.000 Rindern (1907) recht gering. 1903 schlossen sich die Zuchtgenossenschaften zum „Zuchtverband für das Limpurger Vieh in Württemberg" zusammen. Diverse Fördermaßnahmen folgten, und einige davon zeitigten schöne Erfolge. In den folgenden Jahrzehnten hatte man mit wechselnden Erfolgen und Mißerfolgen zu kämpfen, bis man schließlich 1948 dem Arbeitsausschuß für einfarbig gelbes Höhenvieh beitrat. Inzwischen hatte eine weitgehende Verdrängung und Verkreuzung mit Fleckvieh stattgefunden. Ende der sechziger Jahre galt die Rasse als ausgestorben, nur mehr vereinzelt waren mehr oder weniger reinrassige Tiere vorhanden. 1987 wurde eine neue Züchtervereinigung gegründet, die durch rege Bearbeitung den Restbestand der Rasse neu aufbauen konnte.

EIGENSCHAFTEN: Gut mittelgroßes, kompaktes und tiefes Rind. Rumpfig und kräftig bemuskelt. Harte Klauen und korrekte, stabile Gelenke, guter Schritt. Kräftiger Hals, gute Schulter, langes Becken. Gutes, drüsiges Euter, hohe Milchleistung bei kargem Futter. Gutes Fleisch, sehr feinfasrig und marmoriert. Heute fruchtbares, widerstandsfähiges und frohwüchsiges Zweinutzungsrind. Immer gelb bis rotgelb, helle Hörner und Flotzmaul.

Rinder

■ Murbodner Rind (A)

Die obersteirische Rasse entstammt der Kombination von Mürztaler Rindern, Ennstaler Bergschecken und wahrscheinlich auch Kärntner Blondvieh. Die ältere Rasse Mürztaler war am stärksten beteiligt, sie ging auf die Kreuzung von kurzköpfigen roten Keltenrindern, illyrischem Ur-Braunvieh und slowenischen Graurindern zurück. Noch im späten 19. Jh. wurden häufig ungarische Steppenrinder in die Rasse eingebracht. Mürztaler waren im gesamten Gebiet der Obersteiermark und weit darüber hinaus verbreitet und eine der größten Rassen Österreichs. Sie geriet nach der offiziellen Anerkennung der Murbodner bald ins Hintertreffen und verschwand.

Die Murbodner Rasse wurde 1870 auf Ansuchen des Tierarztes und Züchters MIHTSCH anerkannt. Die Anerkennung forderte hohe Gleichförmigkeit auf Kosten der übrigen Eigenschaften. Deshalb wurden der Gebirgs- und der Talbodentyp zusammengefaßt, und es wurde vermehrt auf Farbe und Größe selektiert. Die teilweise noch recht ursprünglich anmutenden Bergrinder wurden zu einer idealen Dreinutzungsrasse umgeformt, die durch gute Milch- und Mastleistung sowie durch besonders gute Zugleistung bestach. Die anfänglich farblich noch uneinheitlichen Rinder zeigten als typische Abzeichen dunkle Streifen am Kopf, schneeflockenartige Flecken und am Flotzmaul eine rosa Stelle in Herzform („das Herzl"). Die Farbskala reichte von Weiß über Semmelgelb und Aschblond bis Hellrotbraun. Die Tiere waren von seltener Vitalität und besonders berggängig; die kuhhessige Stellung der Hinterbeine weist darauf hin. Ihre angeborene Gelenkigkeit zeigte sich auch in einem für

Murbodner Rind (A)

Rinder bemerkenswerten Springvermögen. Die Ochsenaufzucht war ein bedeutender Aspekt, neben der Mast und Milchleistung. Bald verschmolzen die diversen obersteirischen Blondviehschläge, und man sprach allgemein nur mehr vom Murbodner Rind. Um 1930 war die Rasse über ganz Österreich und den Bayrischen Wald verbreitet; 1934 wurde die Arbeitsgemeinschaft der Murbodner Rinderzüchter Österreichs mit Sitz in Bruck a.d. Mur gegründet. Nach dem Zweiten Weltkrieg erlebte die Rasse nochmals einen Höhepunkt, man zählte über 200.000 Tiere. Doch schon Ende der fünfziger Jahre ging es bergab, und um 1968–70 gab es nur mehr rund 100 Tiere als reinrassige Restbestände. Weitgehende Verkreuzung mit Deutschem Gelbvieh hatte dazu beigetragen. Aufgrund der niedrigen Bestände wurde die Rasse um 1978 mit den übrigen, nunmehr ebenfalls seltenen Rassen Kärntner und Waldviertler Blondvieh zum sogenannten Gelbvieh zusammengefaßt. Seit 1986 wird zwecks Genreserve und Weidepflege eine recht bedeutende Herde im steirischen Bundesgestüt Piber (siehe Lipizzaner) gehalten.

> **EIGENSCHAFTEN:** Mittelgroßes, kräftiges Rind von schöner Tiefe und Breite; kräftige Beine. Hornspitzen, Schwanzquaste, Flotzmaul, Zunge und Klauen sind dunkel pigmentiert. Farbe von Weißlich über Semmelblond bis Hellbraun; Stiere oft dunkler und an der Vorhand angeraucht. Straffe, mittelgroße Euter, extrem harte Klauen, kräftige Hörner mit heller Basis. Menschenfreundlich, untereinander aber zuweilen kämpferisch. Manchmal charakteristische Talerung im Fell.

■ *MURNAU-WERDENFELSER RIND (D)*

Die lange Zeit sehr uneinheitliche Rasse wurde im Landkreis Garmisch, im Murnauer Moor und im Werdenfelser Land geschaffen. MAY nimmt an, daß das Oberinntaler Vieh und das originale Braunvieh an der Entstehung beteiligt waren. Man vermutet, daß die Klöster Ettal und Murnau ihre Viehbestände mittels Importen aus dem Tiroler Kloster Stams im Inntal aufbauten. Die Rasse ist nicht zuletzt deshalb bemerkenswert, weil sie sowohl an bergige als auch an sumpfige Weiden optimal angepaßt ist; die vielfältige Landschaft mit rauhem Klima, hohem Niederschlag, Mooren und steilen Hängen prägte sie.

Schon im 19. Jh. kreuzte man aufgrund des Mangels an eigenen Zuchtstieren solche der Rassen Ellinger, Mürztaler und Graubündner ein, später auch Frankenvieh und Montafoner. Damals war einer der Hauptabsatzmärkte jener für starke Zugochsen („Gangochsen") in der Region südlich von München. Deshalb wurden gerade die besten Stierkälber kastriert und speziell für den Verkauf als Arbeitstiere aufgezogen, weshalb sie der Zucht verlorengingen. Dennoch verbreitete sich die Rasse bis zur Jahrhundertwende weit über das Ursprungsgebiet Garmisch-Partenkirchen und Weilheim hinaus und stellte mit rund 65.000 Tieren etwa ein Drittel des bayerischen Braunviehbestandes. Man strebte eine offiziell gesteuerte Zucht an, weshalb man 1927 eine eigene Sektion im 1901 gegründeten „Zuchtverband für einfarbiges Gebirgsvieh" gründete, die seit-

RINDER

Murnau-Werdenfelser Rind (D)

her besteht. Bis zum Ersten Weltkrieg erlebte die Rasse eine weitgehende Vereinheitlichung sowie einen guten Zulauf an Züchtern. Im Ersten Weltkrieg erfolgte ein Rückschlag wegen der Zwangsablieferungen an die Stadt München zu Schlachtzwecken. Die Zwischenkriegszeit war nach anfänglichen Erfolgen von Seuchen und der Weltwirtschaftskrise gekennzeichnet, in deren Folge es zu einem Absinken des Bestandes auf rund 23.000 Tiere um 1936 kam. Nach dem Zweiten Weltkrieg wandten sich viele Züchter den modernen Hochleistungsrassen zu, weil die alte Dreinutzungsrasse nicht mehr dem Idealbild entsprach, obwohl ihre Leistungen durchaus befriedigten. 1952 kam es zur erneuten Gründung eines speziellen Zuchtverbandes. Die seit dem letzten Weltkrieg erkennbare Tendenz, auf andere Rassen umzustellen, erfuhr in den sechziger Jahren ihren Höhepunkt, der sich zwischen 1970 und 1975 darin ausdrückte, daß die Herdbuchbetriebe von 60 auf sechs sanken. Dann erstarkte das öffentliche Interesse, und man schuf im Gestüt Schwaiganger eine Zuchtherde als Genreserve. Heute gibt es rund 500 dieser Rinder in rund 40 Betrieben.

EIGENSCHAFTEN: Rotbraunes, dunkelgelbes oder semmelgelbes Rind, häufig mit dunkler Maske und ebensolchen Beinen; dunkles Flotzmaul mit heller Umrandung. Gehörnter, edler Kopf mittlerer Länge. Mittelgroßes, kompaktes Rind, das sich sowohl auf moorigem wie auf hartem Grund wohlfühlt; stabile Beine und dunkle Klauen. Beste Futterverwertung und mittlere Milchleistung ohne Kraftfuttereinsatz; gute Mastfähigkeit und hervorragendes, feinfaseriges Fleisch. Anspruchslos, robust und langlebig, dabei aber spätreif. Die Rasse wird als ausgesprochen temperamentvoll bezeichnet.

■ Pinzgauer Rind (A)

Das alte Höhenvieh aus dem Salzburger Pinzgau war stets ein Dreinutzungsrind, bei dem Milch und Fleisch betont wurden, aber auch die Zugleistung wichtig war. Seine Wurzeln gehen vermutlich auf die alten, rotscheckigen Bajuwarenrinder und die einfärbig graubraunen Slawenrinder zurück. Letztere wurden von slawischen Ansiedlern in die Region mitgebracht. Merkmale von Niederungsvieh sind vorhanden, besonders in den Köpfen; SAMBRAUS vermutet eine nähere Verwandtschaft mit Niederungs- als mit westalpinem Höhenvieh. Schon im 18. Jh. oder noch früher kannte man die Rasse als „Pintzger", 1846 wurde sie Pinzgauer Schlag genannt. Zu Beginn des 19. Jh.s erlebte die Rasse eine weitreichende Verbreitung. Sie verdrängte alle Landrassen der umliegenden Gebiete, wurde über ganz Österreich verteilt und erreichte auch Slowenien und Italien. In den Osten gelangte sie ab 1820 (Hohe Tatra), 1825 (Siebenbürgen und Karpaten) und 1860 (Bukowina, Karpatenbogen). Auch Oberbayern besaß große Herden. Um die Wende zum 20. Jh. gelangten erste Exporte nach Südafrika, Amerika, Kanada und Australien.

Nach 1900 änderte sich das Selektionsziel, man ging vom fleischbetonten Zugrind auf das milchbetonte Weiderind über. Auch der Färbung wurde nun größte Bedeutung zugemessen, sie mußte die typischen weißen Bänder entlang des Rückens und Bauches aufweisen

Pinzgauer Rind (A)

sowie die Bänder an den Oberbeinen (sog. Fatschen). Später kam es erneut zu einer Betonung der Mastleistung, so daß sich die Pinzgauer heute im wesentlichen als fleischbetonte Rinder mittleren Rahmens darstellen, die besonders zur Mutterkuhhaltung eingesetzt werden. Die Rasse ist derzeit in 25 Staaten auf vier Kontinenten verbreitet, allerdings kaum in Reinzucht. Im Mutterland Österreich gibt es nur mehr wenige reinrassige Tiere, man schätzt den Bestand auf rund 600.

Nach dem Zweiten Weltkrieg erlebte die Rasse aufgrund der einsetzenden Mechanisierung einen Niedergang in Mitteleuropa, die ehemals berühmten Zugochsen wurden überflüssig. Seither entwickelt sich das Pinzgauer Rind in Richtung eines guten Zweinutzungsrindes mit bester Fleischqualität.

EIGENSCHAFTEN: Mittelrahmiges, kräftiges Rind mit tonnigem Rumpf, stabilen Beinen und bester Klauenqualität. Besonders steig- und alpfähig, witterungsfest und unempfindlich gegen UV-Strahlen, daher für heiße Länder und Höhenlagen geeignet. Relativ gute Milchleistung von rund 5.000 kg und mehr, bestes, marmoriertes Fleisch. Leichtmelkende, feste Euter, gute Mutterkuheigenschaften. Rotbraun mit weißem Band entlang von Rücken und Bauch, gehörnt.

■ PUSTERTALER SPRINZEN (A)

Diese sehr seltene Rasse hat eine etwas unklare Geschichte. Man vermutet, daß Eringer Rinder, welche mit Walliser Siedlern in das Südtiroler Pustertal kamen, an der Entstehung beteiligt waren. Anfangs des 19. Jh.s traten die typischen Pustertaler Schecken noch relativ selten auf. Die Vermutung liegt nahe, daß eine enge Verwandtschaft mit dem Tuxer und Zillertaler Rind sowie dem Pinzgauer Rind vorliegt. Genetische Tests haben tatsächlich eine nahe Verwandtschaft von Pustertalern mit den Tuxer und Pinzgauer Populationen ergeben. In der zweiten Hälfte des 19. Jh.s waren die gescheckten Pustertaler nur im unteren Talbereich verbreitet und schon ziemlich konsolidiert, damals auch schon mit den Sprinzen (kleinen Tupfen) gezeichnet. Diese wurden später zum Rassenmerkmal. Ursprünglich traten alle Farben von Gelb bis Schwarz auf, sowohl als Scheckung als auch seltener einfärbig. Die Vererbung der Farben und Zeichnungen wurde als ungewöhnlich beschrieben (KALTENEGGER). Tiere mit großen roten, gelblichen oder schwarzen Flecken am Rumpf und einem unregelmäßigen weißen Band entlang des Rückens und Bauches waren am häufigsten. Die immer öfter auftretende Auflösung der Flecken in kleine Farbspritzer (Sprinzen) verlieh der Rasse schließlich den Namen.

In der zweiten Hälfte des 19. Jh.s waren die Pustertaler Sprinzen die größte und schwer-

RINDER

Pustertaler Sprinzen (A)

ste Rasse des gesamten Ostalpenraumes. Das hohe Durchschnittsgewicht, die gute Bemuskelung und auch die relativ hohe Milchleistung machten die Rinder populär. Man exportierte die besten Kühe an die großen Gutsbetriebe in und um Wien, aber auch in viele andere Regionen und sogar ins ferne Ausland – sogar Ägypten gehörte zu den Abnehmern. Durch den Verkauf der besten Muttertiere wurde es notwendig, im Zuchtgebiet ständig minderwertiges Material und andere Rassen einzusetzen, wodurch es zu einem Niedergang und einer Verkreuzung der alten Rasse kam. Ab 1927 waren rotscheckige Pustertaler von der Körung ausgeschlossen, schwarzscheckige nur beschränkt zugelassen. Der Bestand ging weiter zurück und lag 1984 bei 70 Tieren. Damals wurde ein kleiner Reservebestand in der BRD aufgebaut, der sich gut entwickelte. In ihrer Heimat gibt es noch einige Dutzend zum Teil mit Vogesen-Rind verkreuzte Tiere.

EIGENSCHAFTEN: Kräftiges, sehr starkknochiges Rind, das man als typisches Zweinutzungsrind ansprechen könnte. Langer, sehr tiefer Rumpf, starke Beine und gute Muskelfülle. Kräftiger Hals mit deutlicher Wamme. Spätes Aufeutern, gute Fruchtbarkeit und Robustheit, hohe Zunahme bei Fütterung mit Grundfutter. Typische Zeichnung (aufgelöste Scheckung), stets mit pigmentierten Ohren und dunkler Umrandung von Auge und Maul; selten ganz weiß; gehörnt.

Rinder

■ Rätisches und Tiroler Grauvieh (A, CH)

Grauvieh gehört zu den im gesamten Ostalpenraum verbreiteten Rinderrassen. Es wird auf das ligurisch-rätische Graurind der Römerzeit zurückgeführt. Die Abgeschlossenheit der einzelnen Zuchtinseln führte zu leicht unterschiedlichen Schlägen, so in der Schweiz zum Albula- und Oberländer Schlag. Im oberen Inntal gab es einst bedeutende Bestände, dort wurde zu Beginn des 20. Jh.s ein Zuchtverband gegründet. Insgesamt waren solche Rinder über den gesamten Ostalpenraum verbreitet. Früher wurden Graurinder zur Verbesserung lokaler Rassen häufig nach Südosteuropa und Italien exportiert.

Allen Rindern ist die Graufärbung in unterschiedlichen Tönungen zu eigen. Bis zur Wende zum 20. Jh. war der Kanton Graubünden ein bedeutendes Zuchtgebiet, dann wurde dort die Rasse durch Braunvieh verdrängt und nicht mehr vermehrt. In den Tiroler Tälern konnten sich Bestände mit starkem Albula-Einschlag halten. Seit 1985 führt Pro Specie Rara von dort Zuchttiere ein, und damit entstand das Rätische Grauvieh neu. Seit 1992 besteht die Genossenschaft der Grauviehzüchter, die mit PSR zusammenarbeitet.

> **Eigenschaften:** Das Grauvieh ist ein anpassungsfähiges, berggängiges und langlebiges Zweinutzungsrind. Es ist leichtfuttrig, fruchtbar und robust, die Kühe kalben leicht. Die Milchleistung ist durchschnittlich bis gut, je nach Futterangebot. Das Fleisch ist sehr gut, ebenso die Schlachtausbeute. Der Tiroler Schlag ist etwas größer und derber als der rätische.

Grauvieh (A, CH)

RINDER

■ ROTES HÖHENVIEH (D)

Der mitteldeutsche Raum galt in der alten Literatur als Heimat des roten „Keltenrindes", einer eher kleinen, robusten und leistungsfähigen Rasse. Wahrscheinlich ist die Wurzel der roten Rassen und Schläge jedoch weit jünger und reicht nur etwa in das 18. Jh. zurück. Rotes Höhenvieh ist genetisch klar vom Angler Rind und Ostfriesischen Rotvieh zu unterscheiden. Die Rotviehschläge, z.B. Vogelsberger, Waldecker, Harzer, Sauerländer, Siegerländer, Schlesier, Bayern und Odenwälder waren eng verwandt und kaum zu unterscheiden.

Um die Mitte des 19. Jh.s begann die züchterische Bearbeitung, die sich teilweise in planlosen Einkreuzungen darstellte. Davon ging man wegen enttäuschender Ergebnisse wieder ab und begann die Reinzucht innerhalb der Schläge und Rassen zu bevorzugen. Dies führte bald zur Gründung von Herdbuchgesellschaften in allen Zuchtgebieten. Aufgrund des regen Materialaustausches kam es 1911 zur Zusammenfassung der einzelnen Schläge unter der Bezeichnung „Mitteldeutsches Rotvieh". In den Zwischenkriegsjahren kamen die drei Hauptrassen Vogelsberger, Harzer und Schlesier noch recht zahlreich vor. Sämtliche Rotviehschläge waren in insgesamt recht geringen Beständen noch vorhanden und über weite Gebiete verbreitet. Der Rotvieh-Bestand machte rund 2 % des gesamten deut-

Vogtländer Rotvieh (D)

schen Rinderbestandes aus. Als typisches Dreinutzungsrind wurde Rotvieh bis nach dem Zweiten Weltkrieg gehalten, dann begann seine Bedeutung zu schwinden. Man versuchte, durch Kreuzungen mit Anglern und Frankenvieh die Eigenschaften zu verbessern und eine marktgerechtere Leistung zu erzielen. Dies führte zu umfangreichen Verdrängungskreuzungen auf höhere Fleisch- und Milchleistung, wobei vor allem Angler Rinder aus Holstein zum Einsatz kamen; auch Rotes Dänenvieh wurde zugeführt. Zu Beginn der achtziger Jahre begann die Erhaltungsarbeit; in Gießen gründete man einen Arbeitskreis zur Erhaltung des Vogelsberger Rindes. Einige alte Kühe konnten gefunden werden, auch Sperma eines reinrassigen Bullen war noch vorhanden. Die Zuchtbasis wurde langsam angehoben, 1985 gründete man den Verein zur Erhaltung und Förderung des Roten Höhenviehs, der heute rund 250 Tiere bei 35 Züchtern betreut.

■ **HARZER ROTVIEH:** Schon immer hatte es neben andersfarbigen Rindern auch rote Tiere im Harz gegeben, wenn auch nur in geringer Zahl. Im 18. Jh. wurden die braunroten Tiere etwas zahlreicher, möglicherweise durch Importe. Um 1830 begann man auf Gut Braunlage mit rotem Zillertaler Vieh konsequent auf die rote Farbe zu züchten. Als gute Dreinutzungsrinder wurden sie viel exportiert, und die heimische Zucht geriet ins Abseits. Kreuzungen bewährten sich nicht. Ab 1880 wurden diverse Verbesserungsmaßnahmen getroffen; um 1900 kam die Rasse vor allem in Anhalt, Braunschweig, Hannover und Sachsen vor. 1924 wurde der Verband der Zuchtgenossenschaften in Clausthal gegründet. Nach 1945 wurden Kreuzungen mit Dänenrindern vorgenommen, später mit Anglern.

■ **VOGELSBERGER RIND:** Im 19. Jh. war dies eine gute Milch- und eine der besten Zugrassen. Man schätzte vor allem die sehr harten Klauen, die einen Beschlag überflüssig machten. Unter den mitteldeutschen roten Schlägen war dies der am weitesten verbreitete. Zuchtzentren lagen in den Kreisen Vogelsberg, Wetzlar, Gießen, Marburg und Dillenburg. Aus dieser Rasse entstanden das ausgestorbene Lahnvieh und das Schwälmer Vieh. Die Milchleistung lag trotz des relativ geringen Eigengewichtes recht hoch, durchschnittlich beim Fünffachen des Körpergewichtes. Mängel waren der zu lange, weiche Rücken und die matte Hinterhand. 1885 begann mit der Gründung einer Züchtervereinigung die gezielte Förderung.

■ **VOGTLÄNDER ROTVIEH:** Schon im 17., 18. und 19. Jh. wurde rotes Zillertaler Vieh eingekreuzt. Ab der Mitte des 19. Jh.s schrumpfte die Population aufgrund der Verdrängung durch Fleck- und Niederungsvieh. Auch die Gründung der Herdbuchgesell-

schaft im Jahre 1897 konnte daran nichts ändern. Mast- und Zugleistung waren bekannt gut, die Milchleistung nur schwach. Nach dem Ersten Weltkrieg trat die Rasse weiter in den Hintergrund. Die Zugochsen waren weiterhin sehr beliebt, auch wegen ihres feinen Fleisches. 1935 wurde das gesamte Vogtland zum Fleckviehzuchtgebiet erklärt, die alte Rasse damit quasi auf den Aussterbeetat gesetzt. Man zählte noch rund 1.500 Tiere, die meisten im alten Gebiet um Vogtland. Sie wurden später durch die vereinheitlichende Zuchtpolitik der ehemaligen DDR weiter dezimiert. Seit 1989 versuchen Mitglieder des Vogtländischen Bauernmuseums, die Rasse erneut aufzubauen.

EIGENSCHAFTEN: Sämtliche Rotviehschläge zeichnen sich durch mittlere Größe, gutes Gangwerk und zweckmäßige Bemuskelung aus. Kurze, breite Köpfe und freundliche Gesichter; helle, geschwungene Hörner. Oft helles Flotzmaul, helle Schwanzquaste. Gute Gelenke und harte, dunkle Klauen. Langer, nicht sehr breiter Rumpf mit gut gelagerten Schultern, deutliche Wamme. Rotbraune Farbe ohne weiße Abzeichen. Heute gutes Zweinutzungsrind, extrem leichtfuttrig und leicht kalbend, fruchtbar und robust.

■ SCHWARZBUNTES NIEDERUNGSRIND (D)

Das Schwarzbunte Rind (Alter Typ) gehört zu den Niederungsrassen. Das ursprüngliche Zuchtgebiet umfaßte die Nordseemarschen von Ost- und Westfriesland. Trotz der politischen Trennung der beiden Regionen – Ostfriesland ist deutsches, Westfriesland holländisches Gebiet – bestand zwischen den beiden Gebieten bis zum Ende des 19. Jh.s ein reger Austausch von Zuchtvieh. Das gesamte Verbreitungsgebiet erstreckte sich von Schleswig bis in die Mittelgebirge von Hessen und Rheinland-Pfalz sowie vom Niederrhein bis Ostpreußen.

Im Stammzuchtgebiet erfolgte die Selektion auf ein Zweinutzungsrind, das bei hervorragender Milchleistung auch über gute Masteigenschaften verfügte. Farblich stellten schwarzbunte Rinder in Deutschland mit rund 30 % des Gesamtbestandes im Jahre 1896 einen beachtlichen Anteil.

Ab der Mitte des 19. Jh.s erfolgte in weiten Gebieten Deutschlands eine intensive Verkreuzung der Landschläge mit englischen Kulturrassen, allen voran dem Shorthorn. In Ostfriesland und dem benachbarten Jeverland war man jedoch wegen der geringen Milchleistung des Shorthorns zurückhaltend und verwendete nur wenige Bullen der neuen Rasse, deren Einfluß sehr gering blieb. Da man in den übrigen Gebieten des norddeutschen Flachlandes weniger vorsichtig war, kam es ab etwa 1860 zu einem deutlichen Absinken der Milchleistung unter den lokalen Rassen. Man griff daher auf die bewährte Milchrasse aus Ostfriesland zurück und importierte schwarzbunte Tiere in großer Zahl zur Ein-

RINDER

Schwarzbuntes Niederungsrind (D)

kreuzung in die anderen Zuchtgebiete. 1876 wurde das erste deutsche Herdbuch in Fischbeck/Sachsen-Anhalt angelegt, dem weitere folgten. Der Ostfriesische Zuchtverband und das Jeveländer Herdbuch wurden 1878 gegründet. Der Austausch von Zuchttieren mit Westfriesland ging um die Wende zum 20. Jh. stark zurück und begann erst nach 1950 wieder aufzuleben.

Ab etwa 1965 begann die intensive Veredelung der alten Schwarzbunten mit der nahe verwandten amerikanischen Rasse Holstein-Friesian. Man erreichte dadurch erfolgreich, den Zweinutzungstyp auf einen reinen Milchtyp umzustellen. Die Holstein-Friesians waren im 19. Jh. aus deutschen schwarzbunten Rindern durch strengste Selektion auf Milchleistung geschaffen worden. Eigentlich konnte man von einer Rückkreuzung mit inzwischen modifizierten Tieren derselben Rasse sprechen. 1989 gab es nur mehr rund 500 reinrassige Schwarzbunte Rinder ohne Holstein-Friesian-Anteil.

EIGENSCHAFTEN: Milchbetontes Zweinutzungsrind. Langlebig und wetterfest, bestens an feuchtes Klima und marschiges Weideland angepaßt. Bei guter Grundfutterverwertung hoher Ertrag an fetter Milch. Auch für Mast und Mutterkuhhaltung geeignet. Immer in großen Platten schwarz-weiß gescheckt, dunkler Kopf, gehörnt. Mittelrahmiges Rind mit feinem Fundament und schlankem Hals; edler Kopf, wenig Wamme.

Rinder

■ Tux-Zillertaler Rind (A)

Die Rasse gilt als typische, einheimische Tiroler Population; ob sie auf Eringer Rinder aus dem Schweizer Kanton Wallis zurückgeht, ist nicht klar beweisbar. Zwei Punkte weisen darauf hin: Man kann anhand von Orts- und Familiennamen annehmen, daß es einen Siedlungszug vom Wallis in das Zillertal gab; auch sind die beiden Rassen Eringer (und Evolène) und Tux-Zillertaler im Exterieur sehr ähnlich. Andere Experten meinen, daß es sich um gleichartige Parallelentwicklungen handelt und Ähnlichkeiten nur zufällig sind.

Ursprünglich wurden zwei Schläge gezüchtet, die schwarzen Tuxer und die dunkelrotbraunen Zillertaler. Anfänglich waren sie wahrscheinlich einfärbig, erst durch die Einkreuzungen verschiedener Rassen aus angrenzenden Gebieten kamen im 19. Jh. verstärkt weiße Abzeichen vor. (So sollen auch die Eringer früher oft gescheckt gewesen sein.) Man bevorzugte zuerst den schwarzen Schlag, später wurden die roten Rinder jedoch populärer. Die schwarzen Tuxer waren am Höhepunkt ihrer Popularität weit über das Zillertal hinaus in ganz Tirol und weiters in Salzburg, Kärnten, Südtirol und Oberbayern verbreitet.

Um die Mitte des 19. Jh.s begann der Aufstieg der Zillertaler, die wegen ihrer helleren Farbe plötzlich gesuchter waren als die verwandten Tuxer. Beide Rassen galten als hervorragende Fleischrinder bei genügender Milchleistung, die bei guter Fütterung auf durchschnittliche bis gute Werte angehoben werden konnte; die Milch hatte dann einen sehr hohen Fettgehalt. Tuxer Kühe waren bessere Melker als Zillertaler. Als Arbeitsrinder waren sie trotz ihrer großen Kraft

Tux-Zillertaler Rind (A)

RINDER

und Robustheit weniger begehrt. Neben ihren guten wirtschaftlichen Leistungen wurden Tux-Zillertaler aber vor allem auch auf Rauflust selektiert (siehe auch Eringer). Die Kühe wurden bis tief in unsere Tage als hervorragende Leittiere bei der sommerlichen Alpung geschätzt. Nach dem Auftrieb fanden Rangkämpfe statt, aus denen die sogenannte „Moarin" als Siegerin hervorging, die dann für den ganzen Sommer die Herde führte.

Bereits nach dem Ersten Weltkrieg gab es kein geschlossenes Zuchtgebiet mehr, wenn die Rasse auch noch weit verbreitet war, besonders in Oberösterreich. Um 1930 zählte man noch rund 4.500 Exemplare. Inzwischen hatte die Verdrängung durch Fleckvieh und Pinzgauer begonnen, und die Rasse wurde zunehmend seltener. In den fünfziger und sechziger Jahren stand sie auf dem Aussterbeetat. Um 1970 gab es noch 30 Tiere, man begann daher, sie systematisch zu erhalten, wobei die Gründung eines Vereins 1984 hilfreich war. Heute gibt es rund 250 Tiere auf 60 Betrieben.

EIGENSCHAFTEN: Mittelgroßes, sehr kräftiges und untersetztes Rind. Starker Schädel, sehr muskulöser Hals; kräftige Hörner mit dunkler Spitze; dunkle Klauen und Flotzmaul. Farbe schwarz oder rotbraun mit weißem Bauch und Schwanz und einem charakteristischen, lanzenförmigen Fleck auf der Kruppe, der sog. Feder. Breiter, tiefer Rumpf, gute Mastleistung bei magerem Fleisch. Gegen Rinder selbstbewußt, zuweilen aggressiv, sonst ruhig und freundlich. Sehr trittsicher und robust.

■ UNGARISCHES STEPPENRIND (A)

Die genaue Herkunft der Rasse liegt im Dunkel der Geschichte. Sie gehört der Gruppe der Podolischen Rinder an, die über Südrußland, Polen, den Balkan und Teile Italiens verbreitet sind. Man vermutet, daß die ungarische Population, genannt Steppenrind, mit den Magyaren im 9. Jh. eingewandert ist. Es besteht durchaus die Möglichkeit, daß ein späterer Zufluß aus dem Osten oder Süden, also vom Balkan oder aus Italien, erfolgte. Bereits im Mittelalter waren ungarische Rinder auch im Ausland, vor allem in Österreich, Italien und Deutschland, sehr begehrt. Die sehr gut marschfähigen Tiere wurden in riesigen Herden in Westungarn gesammelt und traten dann oft monatelange Fußmärsche zu den Abnehmern an. In ihrer Heimat wurden sie als nützliche Fleischlieferanten und hervorragende Arbeitstiere geschätzt, während die Milchleistung unbedeutend war. Um 1895 gab es rund 1.250.000 Tiere, die damit rund 95 % des ungarischen Rinderbestandes ausmachten. Der Milchbedarf wurde zum Teil von Hausbüffeln gedeckt, die sich noch heute im Lande in kleiner Zahl finden. Da Ungarn keine eigene Milchrasse besitzt, versuchte man schon im vorigen Jahrhundert, dieses Manko durch Importe zu beseitigen oder die Steppenrinder durch Einkreuzung zu veredeln. Friesen, Brown Swiss und Pinzgauer bewährten sich wegen des spezifischen Klimas nicht überragend,

RINDER

Ungarisches Steppenrind (A)

so daß man ab 1884 zur Einkreuzung von Simmentalern in die Steppenrinder griff. Damit begann eine fortgesetzte Verdrängungsszucht, die zur Schaffung der Rasse Ungarisches Fleckvieh führte. Das Steppenrind verblieb als frühreifes Fleischrind oder als Arbeitsrind noch einige Zeit auf den Landwirtschaften. Um 1930 kreuzte man das verwandte Maremma-Rind aus Italien ein, das jedoch kaum Spuren hinterließ. Ab 1924 verfügte die Regierung, daß nur mehr Stiere des Simmentaler Typs verwendet werden durften, und um 1935 war der Anteil der Steppenrinder an der Gesamtpopulation auf rund 45 % gesunken. Schon 1949 waren es nur mehr 14 %, und im Jahre 1953 mußte der Rest von etwa 450 Rindern im Nationalpark Hortobagy unter Schutz gestellt werden, um die Rasse vor dem völligen Aussterben zu bewahren. Heute verfügt man wieder über rund 1.200 Tiere; auch in ausländischen Tierparks werden sie hin und wieder gehalten. Ähnliche Rinder kommen in geringer Zahl im übrigen Osteuropa vor.

EIGENSCHAFTEN: Großrahmiges Rind von hagerer Statur. Die langen, stabilen Beine und harten Klauen lassen es schnell und ausdauernd marschieren. Durchwegs hellgrau gefärbt, bei Bullen manchmal dunklere Partien an Kopf, Hals und Hinterhand; die Kälber kommen rotbraun zur Welt. Dunkles Flotzmaul und helle, sehr lange leierförmige Hörner. Dunkle, lange Wimpern als Sonnenschutz. Zähes, muskulöses Rind, das optimal an seine Steppenheimat angepaßt ist. Frühreif, aber geringe Milchleistung, schwach entwickeltes Euter.

RINDER

■ VORDER- UND HINTERWÄLDER VIEH (D)

Die beiden heimischen Landschläge des Schwarzwaldes werden als Vorder- und Hinterwälder (sog. Wäldervieh) bezeichnet, wobei ersteres in den tieferliegenden, flacheren Regionen (Vorgebirge) vorkommt, letzteres in den höheren, steileren Regionen (Hochgebirge). Um 1544 wurde die vorzügliche Fleischqualität der Schwarzwälder Rinder erstmals schriftlich erwähnt; im Jahre 1829 wurden die beiden Schläge der Wälderrasse erstmals genau beschrieben.

Die Vorderwälder waren im 19. Jh. die wichtigste lokale Rasse, deren Verbreitungsgebiet sich von der Schweizer Grenze bis nach Pforzheim erstreckte. Eine strenge Reinzucht war nicht üblich; schon um 1820 hatte man nach der Rinderpest damit begonnen, Pinzgauer Rinder zur Auffrischung einzuführen. Dadurch kam es zur typischen Rückenscheckung mit durchgehendem weißen Rückenfleck, die später wieder verschwand. Damals stand der Schlag ganz im Typ eines milchbetonten Dreinutzungsrindes. Die Jungochsen, Färsen und Stiere wurden zur Arbeit eingesetzt, die Kühe gemolken und die Altochsen gemästet. 1895 wurde die erste Zuchtgenossenschaft gegründet, 1902 entstand der Vorderwälder Zuchtverband, welcher wenig positiven Einfluß hatte und im Ersten Weltkrieg wieder zerbrach. Mangels Interesse fand keine Neugründung statt. Ab etwa 1934 setzten Bemühungen zur Erhaltung der Rasse ein, die auf einen milchbetonten Typ eingestellt wurde. Man kreuzte erfolgreich Ayrshire und Red Holstein ein, um die Inzucht zu verringern.

Hinterwälder Vieh (D)

Der Hinterwälder Schlag stellt laut SAMBRAUS einen besonders rein erhaltenen Teil des alten badischen Landviehs dar. Bereits im 18. Jh. war man mit der Form und Leistung der Rasse nicht voll zufrieden, weshalb es zu frühen Einkreuzungen mit Schweizer Rindern kam, die sich aber wenig bewährten. 1865 kam es zur Einführung der staatlichen Faselordnung (Bullenhaltung), welche gute Erfolge brachte. Damals wie heute waren die Hinterwälder kleine, zierliche Rinder mit meist weißem Kopf, dabei gelb oder rot gescheckt; sie waren typische Mehrnutzungsrinder. Die Verbreitung erstreckte sich über den kleinen Bezirk Schönau, in dem 1889 auch die erste Zuchtgenossenschaft gegründet wurde. Während und nach dem Ersten Weltkrieg stieg der Bestand kräftig an. Diese Tendenz blieb bis nach dem Zweiten Weltkrieg bestehen, danach sanken die Zahlen erneut. Heute gibt es rund 4.000 solcher Rinder.

EIGENSCHAFTEN: Milchbetontes Zweinutzungsrind in knappem bis mittlerem Rahmen. Trockenes, eher zartes Fundament, sehr harte Klauen. Behornter, stets weißer Kopf, tief angesetzter, schlanker Hals. Manchmal leichter Senkrücken, hoher Schwanzansatz. Gelb- bis rotbraun gescheckt. Sehr robustes und genügsames Rind, extrem leichtfuttrig. Fruchtbar, leichtkalbend und langlebig. Besonders der kleinere Schlag ist bestens zur Landschaftspflege geeignet.

■ WALDVIERTLER BLONDVIEH (A)

Der Ursprung dieser seltenen österreichischen Rasse ist unklar. Wahrscheinlich geht sie auf kurzhornige keltische Rinder und deren Nachfahren sowie ungarische Steppenrinder zurück. Später könnten sowohl Grauvieh aus Westösterreich als auch Mürztaler und Mariahofer Rinder aus Steiermark und Kärnten beteiligt gewesen sein; ebenso böhmisches Fleckvieh. Das Waldviertler Vieh war im Gebiet nördlich des Manhartsberges verbreitet und kam in zwei sehr ähnlichen Schlägen vor, dem Gföhler und dem Stockerauer. In ersterem war der Mariahofer Anteil größer, in letzterem der Mürztaler; später kam auch Murbodner Blut zum Einsatz. Alle diese Einflüsse wurden jedoch durch die besonders strengen klimatischen Bedingungen und das karge Futterangebot der Region Waldviertel nivelliert, so daß sich eine relativ einheitliche Rasse herausbildete, die optimal an die Umgebung angepaßt war. Die Rinder waren bei mittlerer Größe recht zierlich und keineswegs milchbetont. Ihre Stärke lag vielmehr in der unermüdlichen Arbeitsleistung und im hochwertigen Fleisch, das vor allem die Ochsenmast bedeutend werden ließ. Zahlenmäßig war die Rasse schon um die Jahrhundertwende gegenüber den anderen Blondviehrassen im Nachteil. Durch Einkreuzungen von deutschem Frankenvieh und anderen österreichischen Rassen in den Waldviertler Landschlag wurde die kleine Reinzuchtpopulation immer mehr in die benachteiligten Randzonen abgedrängt,

RINDER

Waldviertler Blondvieh (A)

wo sie sich zäh hielt. Schließlich faßte man alle Gelbviehherden der Region unter der Bezeichnung Waldviertler Blondvieh zusammen und begründete 1933 einen Zuchtverband. Danach erfolgten zahlreiche Einkreuzungen von Stieren der Rassen Glan-Donnersberger und Frankenvieh, aber auch der alte Schlag sollte erhalten bleiben, wozu man diverse Verbesserungen anstrebte. Größe und Milchleistung wurden systematisch angehoben, so daß man gegenüber den früheren Mengen von 1.700 kg Milch um 1950 auf rund 3.000 kg verweisen konnte. Fleisch- und Milchmenge wurden unter Beibehaltung der typischen Anspruchslosigkeit weiter angehoben. Hohe Fruchtbarkeit und zähe Langlebigkeit waren immer noch Hauptmerkmale.

Ab etwa 1960 begann der Vormarsch des Fleckviehs in Österreich, und die Waldviertler Rasse wurde weiter verdrängt; die Zahlen sanken rasch. Um 1970 gab es nur mehr wenige reinrassige Tiere, doch mit der Gründung diverser Vereine zur Erhaltung alter Nutztierrassen gab es einen gewissen Aufschwung. Heute sind einige kleine Herden um die Stadt Zwettl und bei Wien wieder im Aufbau begriffen.

EIGENSCHAFTEN: Mittelgroßes, eher feinknochiges Rind von charakteristischem Aussehen. Langer Schädel mit hellem Flotzmaul und hellen Hörnern; wenig ausgeprägte Wamme. Langer Rumpf, der auf trockenen Beinen ruht. Wachsfarbige Klauen von guter Härte; feines Fell. Farbe von Rahmweiß bis Hell-Semmelgelb, oft auch ins Rötliche spielend. Sehr hartes, leistungsfähiges Dreinutzungsrind. Fettreiche Milch und hervorragende Fleischqualität.

■ Wittgensteiner Blessvieh (D)

Die Rasse gilt heute als weitgehend ausgestorben, es sind nur mehr wenige und relativ stark verkreuzte Tiere vorhanden. SAMBRAUS führt die ausschließlich in Wittgenstein vorkommenden Rinder auf Kreuzungen des Landschlages mit Simmentalern im 19. Jh. zurück. Die rotbraunen Rinder besaßen einen knapp mittleren Rahmen und leichten Knochenbau, waren dabei als Zweinutzungsrinder jedoch gut mastfähig. 1914 begann die systematische Einkreuzung von Rotvieh, die zur Verdrängung der Rasse führte. Um 1930 gab es nur mehr einige hundert reinrassige Tiere. Weitere Einkreuzungen von roten Angler Rindern verbesserten zwar die Milchleistung, verdrängten die Rasse aber vollends. Typisch und namensgebend war die weiße Blesse, die von der Stirn bis zum Maul verlief; die Grundfarbe war stets rotbraun, Euter und Bauch konnten weiß gefleckt sein.

Wittgensteiner Bleßvieh (Kalb, rückgezüchtet) (D)

Schafe

■ Mufflon (Urform)

Der Asiatische Mufflon, *Ovis orientalis,* war möglicherweise der Vorfahre aller domestizierten Schafrassen und des Europäischen Mufflons. Beide Mufflon-Arten stellen dunkel gefärbte, kleine Schafe dar, die lange Läufe und sehr kurze Schwänze besitzen. Die Hörner sind häufig etwas kleiner und weniger gewunden als bei anderen Wildschaf-Rassen. Sie sind mit Ringen überzogen und auswärts geschwungen; Querwülste kommen nicht vor. Nur wenige Böcke entwickeln volle Spiralen, meistens führen die Hörner in weitem Bogen vom Kopf nach außen und dann zum Hals zurück. Die Körperunterseite ist heller, ebenso die Läufe und die Innenseiten der Keulen; im Winter erscheinen die Tiere dunkler. Sie ernähren sich hauptsächlich von Kräutern und Gräsern, verursachen daher kaum Schäden an Bäumen und Feldern. Beim Weiden streifen sie in ihrem Revier umher und kehren am Abend zu ihren bevorzugten Weideplätzen zurück. Die Mütter und Lämmer leben in Rudeln, die Böcke streifen allein oder in Gruppen umher. Während der Paarungszeit im November und Dezember kämpfen sie um die Harems.

Mufflon

Der Europäische Mufflon kam bis vor einigen Jahrzehnten wildlebend nur auf Korsika und Sardinien vor, wurde aber in vielen Ländern erfolgreich ausgewildert, wo er trockene, steinige Waldgebiete bevorzugt. Seine Herkunft ist nicht genau bekannt. Man hielt ihn für eine echte Wildform, ein Relikt europäischer Urschafe aus dem Pleistozän, das auf den abgeschiedenen Mittelmeerinseln überlebt hatte. Das Fehlen jeglicher Fossilien von Schafen auf den Inseln und am europäischen Festland läßt jedoch eine andere Theorie wahrscheinlich klingen: Es scheint plausibler, daß der Mufflon ein Relikt der ersten domestizierten Schafe darstellt, welche mit den frühen neolithischen Bauern im siebenten Jahrtausend v. Chr. nach Europa kamen. In anderen Regionen wurden die Schafe züchterisch verändert, auf den Inseln bestand die Urform wildlebend weiter. Ein ähnlicher Urtyp ist das Soay-Schaf von den schottischen Hebrideninseln. Es ähnelt dem Mufflon in vieler Hinsicht stark, zeigt aber im Vlies eine stärkere Domestikation. Beide Rassen zeigen eine relativ häufige Hornlosigkeit bei den weiblichen Tieren, wie sie bei echten Wildformen nur höchst selten ist; diese kann als Domestikationserscheinung gewertet werden.

EIGENSCHAFTEN: Kleines Wildschaf von rund 70 cm Größe und 45 kg Gewicht. Die schönen Hörner sind eine bei Jägern beliebte Trophäe. Die deutliche und typische Fellzeichnung mit heller Körperunterseite verrät die nahe Verwandtschaft zur Wildform oder ist ein Zeichen für diese. Die extrem stabilen Läufe und harten Klauen machen den Muffel zu einem guten Springer und Kletterer. Genügsames und extrem wetterhartes Schaf, dessen Wildbret vorzüglich schmeckt. In vielen Tierparks und Naturschutzgebieten heimisch, braucht eine Mufflonherde ein großes Revier.

■ BENTHEIMER LANDSCHAF (D)

Die frühen Wurzeln der Rasse gehen wohl auf das Deutsche Landschaf der Niederungsgebiete zurück. Dieses war frohwüchsiger, mastfähiger und besser in der Wolle als das Zaupelschaf. Man hielt solche Heideschafe von den Niederlanden bis Böhmen und der Schweiz und kreuzte häufig Böcke aus den hervorragenden Zuchten der Holländer ein. Somit war die eigentliche Heimat der Bentheimer Rasse – ehe sie als solche bekannt wurde – Holland, und hier wiederum die Provinz Drenthe. Von dort kamen die Schafe in die benachbarte Grafschaft Bentheim, heute Weser-Ems. Um den Niedergang der Schafzucht aufzuhalten, wurden im Zuchtgebiet zwei frühe Musterherden aufgestellt, eine in Nordfrohme, die andere in Rheitlage. Das alte Heideschaf war mit etwas Stroh und wenig Heu als Winterfutter zufrieden gewesen; Nun kam der Mineraldünger auf, es gab mehr Heu, und die Schafrassen konnten entsprechend anspruchsvoller gestaltet werden. Das Bentheimer Landschaf war ideal für den ganzjährigen Weidegang mit winterlicher Heuzufüt-

SCHAFE

Bentheimer Landschaf (D)

terung geeignet und erwies sich als gutes Zweinutzungsschaf. Die Wolle war schlicht, das Fleisch recht gut, die Menge in beiden Fällen ansehnlich. Die Rasse galt als ebenso anspruchslos wie die Heidschnucke, bei besserem Ertrag.

Ab 1934 wurde die Rasse offiziell züchterisch bearbeitet. Allerdings blieb die Verbreitung vorerst sehr gering und beschränkte sich auf das Stammgebiet im Emsland. Um 1940 war der Gesamtbestand allerdings auf rund 15.000 Tiere angestiegen, um dann erneut wieder abzusinken. Zwischenzeitlich gab es nur drei Zuchtbetriebe, Anfang der achtziger Jahre gar nur mehr eine Herde von 600 Tieren in Hütehaltung. Inzwischen ist der Trend wieder leicht ansteigend, man betreut heute wieder rund 600 im Zuchtverband von Weser-Ems; 2-3.000 Tiere sind im übrigen Zuchtgebiet in Gebrauchsherden zu finden. Um die Nachfrage zu steigern und einem Engpaß der Blutlinien vorzubeugen, wurden vor einigen Jahren Böcke der französischen Rasse „Causses du Lot" eingekreuzt. Dadurch wurde eine Verbesserung der Schlachtkörperqualität erzielt; rund 10 % der Rasse führt heute französisches Fremdblut.

EIGENSCHAFTEN: Die Rasse gilt als die großrahmigste unter den deutschen Moor- und Heideschafen. Die Tiere sind hochbeinig und lang im Rumpf; hervorragende Marschfähigkeit, die sie mühelos 10 km und mehr pro Tag zurücklegen läßt. Schmaler, geramster Kopf, weiß mit dunklen Abzeichen um die Augen, ungehörnt. Lange Läufe, sehr harte Klauen, kaum anfällig für Moderhinke. Sehr hohe Fruchtbarkeit, häufig Zwillinge; rund 150 % Ablammergebnis. Gute, milchreiche Mütter, leichtgebärend. Robust, genügsam, ideal für die Wanderschäferei.

■ BRAUNES BERGSCHAF (D, A)

Die Rasse läßt sich auf alte Bayrische und Tiroler Steinschafe zurückführen. In diesen Rassen oder Schlägen gab es schon immer auch dunkle Tiere, die sich wegen ihrer natürlich gefärbten Wolle großer Wertschätzung erfreuten; aus der braunen Wolle konnte man die typischen Lodenjanker fertigen. Schon sehr früh – wahrscheinlich im späten 18. Jh. – erfolgte eine bedeutende Zufuhr von Bergamasker- und Paduaner-Blut, das aus Oberitalien nach Österreich eingeführt wurde. Die beiden italienischen Rassen erfreuten sich wegen ihres hohen Gewichts, der guten Fruchtbarkeit und ihrer Wolle großer Beliebtheit. In Bayern fanden sie um die Mitte des 19. Jh.s Eingang in die Schafzucht. Aus der Verschmelzung der Ausgangsformen Steinschaf und Bergamasker entstand das große, fruchtbare weiße Bergschaf. Eine ähnliche Entwicklung ging auch in Süd- und Nordtirol vor sich. Die weiße Variante drängte alle braunen und schwarzen Varianten zurück, auch wenn deren pigmentierte Wolle für den Hausgebrauch sehr geschätzt war. 1939 entschied man, daß alle Bergschaftypen zusammengefaßt und dem Typ des Bergamasker Schafes angeglichen werden sollten, unter der Bezeichnung „Deutsches Bergschaf". Obwohl im Zuchtziel die weiße Wolle verankert war, kamen immer wieder dunkle Tiere vor, die man duldete, allerdings gab es keine gezielte Zucht auf Pigmentierung. In Bayern wurde das braune Schaf beinahe ausgerottet. Erst 1976 kam ein Antrag der Tegernseer Schafhalter auf Rassenanerkennung ein, 1979 gab es 13 Herdbuchbetriebe mit rund 100 Muttern und 10 Böcken. Als man die guten Eigenschaften erkannte und die Rasse neu aufbaute, kam es zu Einkäufen in Südtirol und Österreich. In Südtirol wurde man dadurch auf den Mangel an solchen Schafen aufmerksam und man begann dort ebenfalls, gezielte Erhaltungsmaßnahmen zu setzen. Einige Züchter im Raum Miesbach begannen die Arbeit, die bis heute fruchtet und die Landkreise Rosenheim und Garmisch-Partenkirchen umfaßt. Nach anfänglichen Schwankungen gibt es heute wieder ein rundes Dutzend Zuchtbetriebe in Bayern, einige sogar auch weiter nördlich, sowie in der Schweiz. Der Bestand ist jedoch als gefährdet einzustufen.

> **EIGENSCHAFTEN:** Mittelgroßes, ganz pigmentiertes Schaf im Typ des Deutschen Bergschafes. Ramsnasiger Kopf, unbehornt und schmal; hängende Ohren. Tiefer, breiter Rumpf, langer Rücken und stramme Lende. Kräftige Beine mit harten Klauen, sehr steigfähig und witterungsunempfindlich. Robust und leichtfuttrig. Asaisonales Brunstverhalten; Frühreife und hohe Fruchtbarkeit sind rassetypisch. Grobe, lange Wolle, die guten Wetterschutz bietet. Bei langer Sonnenbestrahlung wird die cognac- bis dunkelbraune Wolle an den Haarspitzen ganz hell.

■ ENGADINER SCHAF (CH)

In der Schweiz gibt es im Engadiner Schaf eine dem Braunen Bergschaf verwandte und nahezu identische Rasse, die dieselben Wurzeln wie dieses besitzt. Im Kanton Graubünden wurden die Almen schon im 18. und 19. Jh. auch von italienischen Schäfern benützt, welche Bergamasker Schafe mitbrachten. Diese wurden in die bodenständigen Herden eingekreuzt, und es entstand ein Typ, welcher sich durch Hängeohren, großen Rahmen, lange Läufe, Mischwolle und Ramskopf auszeichnete. Bei den im Unterengadin als „besch da pader" bezeichneten Schafen handelte es sich um Nachfahren der Bergamasker und Paduaner Schafe, die auch das Braune Bergschaf wesentlich beeinflußten. Die heutige Rasse steht dem Braunen Bergschaf des Tiroler Schlages nahe. Zur Erhaltung waren Einkreuzungen aus Tiroler und bayerischen Beständen notwendig, ebenso solche des Ultner Schafes aus Südtirol. Das Engadiner Schaf ist heute über die ganze Deutschschweiz in rund 150 Betrieben verbreitet, seit 1992 gibt es einen Zuchtverein, der die Rasse durch vielfältige Aktivitäten fördert. Die Schafe weisen einen braunen Körper auf, der mit zunehmendem Alter heller wird, Kopf und Läufe bleiben dunkel.

Engadiner Schaf (CH)

SCHAFE

■ BÜNDNER OBERLÄNDER SCHAF (CH)

Vor rund 100 Jahren stellten Wissenschafter fest, daß die Herkunft dieser urtümlichen Rasse auf das jungsteinzeitliche Torfschaf zurückgeht. Die Bündner Landrasse setzte sich aus den ursprünglichen Schlägen von Vrin, Somvitg, Tavetsch und des Medels zusammen. Sie wurde als Tavetscher oder Nalpser Schaf bekannt und verbreitet. Tavetscher oder Nalpser Schafe besaßen eine an Ziegen erinnernde Kopfform und ein ähnliches Gehörn. Allerdings gab es je nach Zuchtgebiet lokale Formen, die behornt oder unbehornt waren. Dieser Typ des kleinen weißen oder grauen Primitivschafes starb um die Mitte der fünfziger Jahre trotz Erhaltungsbemühungen aufgrund von Inzuchterscheinungen aus.

Im Medels und in Teilen von Vrin blieben einige sehr ursprüngliche Gruppen erhalten, da sich einige Züchter der Einkreuzung anderer Rassen widersetzten. Seit 1984 baute Pro Specie Rara aus diesen Tieren eine Herdbuchzucht auf. Man bezeichnete die Schafe als tavetscherähnliche Medelser Schafe. Dank der Unterstützung des WWF konnten auch einige Vriner Schafe erworben werden, die in die Zucht eingingen. Leider waren auch die Vriner Schafe kaum mehr reinrassig vorhanden, sondern schon häufig mit Fleischrassen verkreuzt. Dennoch wurde die wiederbelebte Rasse, die sich stark von den heute üblichen weißen Alpenschafen unterscheidet, als erhaltungswürdig eingestuft. 1996 kam es zur

Bündner Oberländer Schaf (CH)

SCHAFE

Gründung des Vereins zur Erhaltung des Bündner Oberländer Schafes, dem seither die Führung des Herdbuches sowie die Förderung und Kontrolle der Zucht obliegt. Ziel des Vereins ist die Rassezucht und die langfristige Absicherung des Bestandes. Heute gibt es rund 50 Zuchtgruppen, die vorwiegend in der Ostschweiz beheimatet sind. Leider stößt man auch auf Probleme, denn nicht alle Züchter sind Mitglieder des Vereins. Weiters sind die überwiegend weißen und behornten Tiere nicht sehr populär, obwohl sie über ausgezeichnete Eigenschaften verfügen. Allerdings ist gerade im Kanton Graubünden das Interesse an der Rasse wieder erwacht, und es gibt dort eine langsam wachsende Zahl an Züchtern oder Haltern. Der Gesamtbestand liegt bei rund 500 Tieren.

> **EIGENSCHAFTEN:** Vitales, ursprünglich wirkendes Schaf mit ausgeprägten Instinkten. Scheu und wachsam, an ein Wildtier erinnernd. Zartes Fundament mit harten Klauen, sehr geländetüchtig. Leicht und klein, die Widder dabei mit imposantem Gehörn geschmückt; die Hälfte der weiblichen Tiere trägt kleine, ziegenartige Hörner. Mittlere bis grobe Wolle, zartes Fleisch und robuste Konstitution. Langlebig, gesund und wetterfest. Hohe Fruchtbarkeit und gute Muttereigenschaften, schönes Euter. Meist weiß, aber auch grau, braun oder gefleckt; unbewollter Kopf und Läufe; langer Schwanz.

■ COBURGER FUCHSSCHAF (D)

Rötlichbraune Schafe kamen mit Sicherheit in den Landschlägen seit langer Zeit immer wieder vor. Dies bestätigen alte Literaturstellen; von einem eigentlichen „Coburger Fuchsschaf" ist allerdings erst um 1877 die Rede. Als Teil der schlichtwolligen Schafpopulation der Mittelgebirge kamen rötliche Schafe vor allem in den Regionen der Alb, Frankens, der Eifel und Hohenlohes vor, aber auch in vielen anderen Gegenden. Man kannte sie unter den lokalen Bezeichnungen Goldfüchse, Eisfelder Fuchsschafe, Eifeler und Coburger. Zu Beginn des 19. Jh.s soll der Bestand an fuchsfärbigen Schafen in den typischen Verbreitungsgebieten bis zu 60 % des Gesamtbestandes ausgemacht haben. Als Schläge oder Unterrassen des Deutschen Schlichtwolligen Schafes wurden sie allerdings bei Viehzählungen nicht gesondert angeführt, daher ist auch wenig über die Bestandszahlen bekannt. Man weiß allerdings, daß der Bestand bereits im späten 19. Jh. immer mehr zurückging und um 1930 vom Aussterben bedroht war. Es ist den Bemühungen des Tuchfabrikanten Otto STRITZEL zu verdanken, daß die Rasse überlebte. Er zog sich auf einen Hof im oberfränkischen Fichtelgebirge zurück und begann dort eine Schafzucht. Anfängliche Versuche mit Kulturrassen scheiterten wegen des rauhen Klimas. Deshalb begann STRITZEL nach einer bodenständigen Landrasse zu suchen und stieß auf das Coburger Fuchsschaf.

SCHAFE

Coburger Fuchsschaf (D)

Er kaufte alle verfügbaren Restbestände auf und begann 1943 mit einer Herde von rund 24 Tieren. Zum Zwecke der Blutauffrischung mußte man auf Restbestände aus anderen Regionen zurückgreifen, etwa aus der Eifel, dem Hunsrück oder dem Westerwald; auch die Vogesen und Ardennen besitzen derartige Schafe. Die Tiere kommen braun zur Welt, hellen dann fortschreitend auf und werden rötlich-weiß, wobei Kopf und Läufe fuchsrot bleiben. 1966 wurde die Rasse anerkannt und ein Herdbuch angelegt. In den frühen achtziger Jahren begann vor allem in Bayern eine deutliche und rasante Aufwärtsentwicklung, die bald auch die Bundesländer Hessen, Rheinland-Pfalz, Westfalen und Niedersachsen erfaßte. Das Fuchsschaf ist vor allem zur Landschaftspflege und zu kleinräumiger Koppelhaltung geeignet, die vorzügliche und schöne Wolle wird gerne zur Hobbyverarbeitung verwendet. Die Rasse ist als bedenklich gefährdet eingestuft, aber nicht unmittelbar vom Aussterben bedroht.

EIGENSCHAFTEN: Wuchtiges, großrahmiges Schaf mit gutem Fundament. Schmaler Kopf, unbewollt und hornlos, lange Ohren. Kräftiger Körper, unbewollte und rot gefärbte Läufe, harte Klauen. Robustes, fruchtbares und leichtfuttriges Landschaf, zur extensiven Haltung, auch in Koppeln, geeignet. Schöne, aber relativ grobe Wolle, die sich gut zum Handspinnen, Weben und Filzen eignet und ein attraktives Farbspiel aufweist.

SCHAFE

■ KÄRNTNER BRILLENSCHAF (A)

In früheren Zeiten gab es in Südösterreich zahlreiche lokale Rassen oder Schläge, deren Wurzeln nicht klar definierbar sind. Das Brillenschaf geht vermutlich auf das Seeländer Schaf zurück, das seinerseits auf eine Kreuzung von Kärntner Landschafen und dem aus Oberitalien stammenden Padua-Schaf zurückzuführen ist. Das Seeländer Schaf wurde so beschrieben: „Die Nase ist stark geramst, die großen Ohren hängen schlaff herab; weiße Wolle, die Augen aber dunkel eingefaßt." Die Schafe breiteten sich schon im 19. Jh. nach Salzburg, Tirol, Vorarlberg und Slowenien aus. Sie wurden erfolgreich mit Bergamasker Böcken veredelt, mit denen sie ja über das Padua-Schaf stammverwandt waren. Das Seeländer Schaf war besonders im Drau-, Gurk-, Lesach- und Kanaltal verbreitet und kam in zahlreichen lokalen Formen vor. (Seeland = Region in Kärnten, die nach dem Ersten Weltkrieg zu Slowenien kam.)

Um dieser etwas irreführenden Lage Abhilfe zu schaffen, beschloß man 1910, alle Schläge und folglich auch alle ähnlichen, verwandten Populationen „Kärntner Schaf" zu nennen. Der Import billiger Wolle aus Übersee brachte einen kurzen Niedergang in der Schafhaltung, doch diese ausgesprochen fleischbetonte Zweinutzungsrasse überlebte durch den

Kärntner Brillenschaf (A)

Fleischmangel während und nach dem Ersten Weltkrieg. Dem Stein- und dem Landschaf war die nunmehr konsolidierte Rasse an Wirtschaftlichkeit überlegen, zumal sie hart, genügsam und wetterfest, somit voll bergtauglich war. Die 1939 angeordnete Rassenbereinigung führte zur Zusammenlegung der sog. Bergschafrassen und in der Folge zur weitgehenden Unterdrückung der Merkmale der Kärntner Schafe. In Bayern und einigen kleinen Zuchtinseln in Österreich und Slowenien blieben sie in geringer Zahl erhalten. Trotz der Aufhebung der Rassenbereinigung nach Kriegsende 1945 verringerte sich der Bestand laufend und erreichte mit rund 200 Tieren zu Beginn der achtziger Jahre ihren Tiefstand. Vor rund 15 Jahren setzte durch gezielte Öffentlichkeitsarbeit (Grüne Woche Berlin) eine Wiederbelebung des Interesses ein, das zuerst Bayern, dann Österreich und Südtirol erfaßte und zum Neubeginn der herdbuchmäßigen Zucht führte. Heute erscheint der Bestand in Bayern, Österreich, Südtirol und Slowenien als knapp gesichert.

> **EIGENSCHAFTEN:** Großrahmiges, robustes Schaf mit schlicht gewellter, weißer Wolle. Ramsnasiger, unbewollter und schmaler Kopf mit charakteristischer dunkler Brillenzeichnung um die Augen und pigmentierten, langen Schlappohren; hornlos. Bei mittlerer Größe sehr wetterfest und steigfähig; harte Klauen. Frühreif bei gutem Schlachtkörper und asaisonal bei einer Ablammquote von rund 150 %.

■ RAUHWOLLIGES POMMERSCHES LANDSCHAF (D)

Nach SAMBRAUS soll es bereits im 13. Jh. rauhwollige Landschafe in Schlesien gegeben haben. Von dort haben sie sich nach Polen, Ost- und Westpreußen verbreitet und waren bald die häufigsten Schafe dieser klimatisch wenig begünstigten Regionen. Seit 200 Jahren versuchte man, durch gezielte Einkreuzungen die Fleisch- und Wollqualitäten dieser mischwolligen Schläge zu verbessern. Zugleich wurden die Herden der begüterten Gutsherren entweder mit schlichtwolligen Schafen verkreuzt oder durch solche ersetzt. Im nördlichen Verbreitungsgebiet blieb der robuste Rauhwolltyp vor allem in den kleinen Beständen und der Einzeltierhaltung erhalten. Erst im 19. Jh. begann erneut ein Umzüchtungsprozeß, diesmal mit Merinoschafen. Minderwertige, grobe Wolle brachte nur ein Viertel des Erlöses von feiner Merinowolle. Daher traten Merinos oder Merinokreuzungen einen Siegeszug durch Mecklenburg und Vorpommern an. Nur die kleinbäuerlichen Schafhalter der abgelegenen, küstennahen Ostseeregion hielten am originalen Typ fest, der sich neben optimaler Klimaanpassung auch besonders für die Haltung in kleinen Gruppen oder die Einzelhaltung eignete. Später erfolgten Einkreuzungen englischer Fleischrassen zwecks Verbesserung der Schlachtkörper

SCHAFE

Rauhwolliges Pommersches Landschaf (D)

und des Fleisches. Alle diese Verbesserungsversuche schlugen jedoch fehl, da die extreme Umwelt und die Robusthaltung die weicheren Kreuzungsprodukte rasch wieder ausmerzten; die Rasse blieb relativ rein erhalten. In den frühen Jahren der Zwischenkriegszeit gab es noch zahlreiche Pommersche Rauhwoller, allerdings war ihr Stern schnell im Sinken begriffen. Durch die Kriegs- und Nachkriegswirren gingen viele Tiere verloren, dann erlebte die Rasse jedoch noch einmal einen Höhepunkt, als man erneut robuste, vielseitige Landrassen förderte. Dieser Trend war aber kurzlebig, denn bald verdrängten spezialisierte Hochleistungsrassen die alten Landschläge. Nach 1956 wurde die Rasse nicht mehr in nennenswertem Umfang gezüchtet. Allein auf Rügen bestand sie in kleiner Zahl fort; in Süddeutschland existierte eine weitere Herde. Die als staatliche Genreserve gedachte Rügener Population wurde mit besonders typvollen Zuchttieren – 46 Muttern und sieben Böcken – ab 1982 aufgebaut. Nach langer Pause begann man in den achtziger Jahren zaghaft, außerhalb Rügens kleine Herden aufzubauen. Zwar steigt der Bestand seither leicht an, die Rasse gilt aber noch immer als alarmierend gefährdet.

EIGENSCHAFTEN: Mittelgroßes Schaf mit schmalem Körper; hoher Rist, leicht überbaut und manchmal senkrückig. Schmaler Kopf, lebhafter Ausdruck, lange, leicht hängende Ohren. Zarte, aber stabile Läufe, gute Klauen. Dichte, grobe und lange Mischwolle mit dunklen Grannenhaaren. Gute Spinnfähigkeit, strapazfähig, geeignet für wetterfeste Pullover. Gutes Fleisch mit wildbretartigem Geschmack. Sehr robust und leichtfuttrig, kann in Kleinstgruppen oder allein gehalten und sogar getüdert werden.

SCHAFE

■ RHÖNSCHAF (D)

Es ist erwiesen, daß seit dem 16. Jh. in der Rhön, dem Stammzuchtgebiet, eine typische Lokalform nahezu reinrassig erhalten wurde. Die Rasse war schon lange vor dem Einsetzen einer modernen Zucht in vielen Regionen Deutschlands bekannt und begehrt. Die erste schriftliche Erwähnung stammt aus dem Jahre 1846, das erste Portrait von 1859. Das schon damals unter seinem heutigen Namen bekannte Schaf war eine aufgrund von Selektion und Reinzucht deutlich von den übrigen abgrenzbare Variante des deutschen Landschafes. Es war im ganzen Zuchtgebiet von Thüringen bis zum Harz und dem Quellgebiet der Werra zahlreich verbreitet und wurde eifrig exportiert. Vor allem Frankreich bezog jährlich bis zu 80.000 Tiere, deren Fleisch (mouton de la Reine) als Delikatesse galt. Veredelungsversuche in der zweiten Hälfte des 19. Jh.s mit Merinos und englischen Fleischrassen schlugen fehl, da die wertvollen Eigenschaften der Landrasse damit verlorengingen. Im letzten Viertel des 19. Jh.s trat ein Rückgang in der deutschen Schafzucht ein, der besonders auch das Rhönschaf erfaßte. Die wenig wertvolle Wolle verlor durch Importe an Bedeutung, die französischen Importe waren aufgrund einer Einfuhrbeschränkung stark rückläufig. Als nach der Wende zum 20. Jh. die Planzucht aufkam, widmeten sich einige große Zuchtbetriebe der Rasse, und man schuf ein bis heute gültiges Zuchtziel. Bedeutende Züchter waren die Gutsbetriebe Rangen-Laar (Kassel), Roßrieth und Völkershausen (Rhön) und Gerstungen (Thüringen). 1921 wurde der Zuchtverband gegründet, um diese

Rhönschaf (D)

SCHAFE

Zeit war auch der Bestand erneut stark im Wachstum begriffen. 1933 erfolgte die Gründung des Herdbuches, das Zentrum der Zucht lag eindeutig in Thüringen, wo auch sämtliche Bockmärkte stattfanden. Die Züchter der anderen beiden Regionen, Hessen und Bayern, bezogen ihre Zuchttiere vornehmlich dort. Der Bestand blieb bis etwa 1950 ziemlich konstant, dann setzte ein starker Rückgang ein. Die Kriegsauswirkungen hatten zur Teilung des Stammzuchtgebietes geführt, allerdings konnte sich die Rasse in Thüringen weiterhin recht gut behaupten. Der Bestand stieg dort vorübergehend stark an, 1953 zählte man rund 35.000 Tiere, dann begann die systematische Verdrängung der Rasse, welche zu einem Tiefstand von 100 Tieren im Jahre 1975 führte. 1980 begann erneut ein Umdenken, und in ganz Deutschland setzte eine durch Förderungen unterstützte Erhaltungsarbeit ein.

> **EIGENSCHAFTEN:** Gut mittelgroßes bis großes Landschaf von typischem Exterieur. Dank langer Läufe sehr gut marschfähig, aber auch für die Koppelhaltung geeignet. Sehr robuste und enorm wetterfeste Rasse mit schlichter, weißer Wolle. Nur der bis hinter die Ohren unbewollte Ramskopf ist schwarz, Körper und Beine sind weiß. Sehr gute Mastfähigkeit bei ausgeprägter Leichtfuttrigkeit; langes, breites Schaf von guter Fleischigkeit. Lämmer betont frohwüchsig, da gute Milchleistung bis zu sechs Monate nach dem Ablammen.

■ SKUDDE (D)

Skudden gehören zu den mischwolligen, kurzschwänzigen Heideschafen Nord- und Nordwesteuropas, denen auch die Heidschnucken angehören. Das Wort „Skudde" geht entweder auf die litauische Stadt Skuoda oder auf den litauischen Lockruf für Schafe, *skud*, zurück. Man führt die Herkunft der Rasse einerseits auf die primitiven Schafe der Wikinger zurück, andererseits auf das steinzeitliche Torfschaf, genau ist die Frage jedoch noch nicht geklärt. Tatsache ist, daß die Rasse von jeher das Landschaf Ostpreußens, besonders Masurens, war und sich bestens zur Haltung auf mageren Weideflächen eignete. Ihre Erscheinung war im 19. Jh. dieselbe wie heute; 1873 zählte man in Preußen noch rund 77.000 Skudden, die vornehmlich in kleinbäuerlichen Betrieben oder in extensiver Haltung auf großen Gütern vorkamen. Schon zu Beginn des 20. Jh.s war der Bestand wesentlich zurückgegangen, was vor allem auf die Verdrängungskreuzung mit württembergischen Landschafen zurückzuführen war. Die echte Skudde erhielt sich am längsten in den bäuerlichen Betrieben Masurens und der Kurischen Nehrung, vor dem Zweiten Weltkrieg war sie in Ostpreußen sehr selten geworden, kam aber in Litauen noch vor. 1945 sollen noch rund 1.000 Tiere existiert haben, wobei die Kriegs- und Nachkriegswirren im Zuchtgebiet

SCHAFE

Skudde (D)

zur Dezimierung beitrugen. Bald danach galt sie als ausgestorben. Glücklicherweise hatte der Tierpark Hellabrunn / München schon 1941 eine kleine Zuchtherde eingestellt, die im folgenden Jahr nach Leipzig übersiedelte. Von dort gingen einige Nachzuchttiere allmählich wieder in private Züchterhände über, so daß allmählich ein kleiner Bestand neu aufgebaut werden konnte. Aktuelle Bestandszahlen sind nicht bekannt, da nicht alle Züchter erfaßt sind und eine überregionale Koordination bislang schwierig war. Man geht von rund 1.000 Skudden aus, von denen rund 700 herdbuchmäßig erfaßt sind. Wegen der Inzucht ist der kleine Bestand etwas verkreuzt worden, so daß über die Reinrassigkeit mancher Tiere Zweifel bestehen. Die robusten und primitv anmutenden Schafe sind ideal für die Landschaftspflege geeignet. In ihrem Verhalten erinnern sie stark an Wildtiere. Da sehr standorttreu, sind sie zur Koppel- oder Standweidehaltung geeignet.

EIGENSCHAFTEN: Kleines, robustes Landschaf, weiß, braun oder schwarz; langes, derbes Vlies, Böcke mit Mähne. Muttern hornlos oder mit Hornstummeln, Böcke mit großen, schraubenförmigen Hörnern. Leichtes, stabiles Fundament mit harten Klauen. Sehr vital, schnell und springfreudig; scheu und flüchtig. Starker Sozialtrieb, gute Muttereigenschaften. Asaisonal, Ablammergebnis rund 130 %. Sehr gutes, wildbretartiges Fleisch; geringe Zunahme, aber extrem leichtfuttrig. Wetterunempfindlich, krankheitsresistent und intelligent. Ideal für extensive Haltung auf Standweiden.

SCHAFE

■ SPIEGELSCHAF *(CH)*

Diese alte Schweizer Landschafrasse war beinahe ausgestorben, ehe man sie vor rund 15 Jahren wiederentdeckte. Die genaue Herkunft liegt im Dunkeln, allerdings gab es schon früher mündliche Überlieferungen aus dem Prättigau, der Bündner Herrschaft und den angrenzenden Gebieten im Rheintal. Selbst im Engadin und in Kärnten war die Rasse bekannt, wenn man auch keine enge Verwandtschaft der dortigen Tiere mit jenen des Stammzuchtgebietes vermutet. Das Spiegelschaf soll von alten Bündner Schafen, wie beispielsweise der Prättigauer Rasse, abstammen. Einflüsse des Seidenschafes und des Luzeiner Schafes werden angenommen. Aufgrund der Wanderschäferei im 17. und 18. Jh. vermutet man auch solche der Vorarlberger Montafoner Schafe und der Kärntner Brillenschafe. Pro Specie Rara suchte lange Zeit nach den letzten Schafen dieser Rasse, welche durch moderne Rassen völlig verdrängt worden war. Man hatte die Hoffnung auf einen Fund aufgegeben, als sich 1985 ein Züchter aus Graubünden meldete, der noch einige Tiere besaß. Der Versuch, neue Linien aufzufinden, blieb erfolglos, allerdings konnte die Stammzucht seither auf eine breitere Basis gestellt werden. Heute gibt es im Prättigau und im übrigen Rheintal, aber auch in der gesamten Deutschschweiz rund 90 Züchter dieser Rasse.

Spiegelschaf (CH)

Der Zuchtverein wurde 1997 gegründet, er organisiert das Herdbuch, betreut die Züchter und kontrolliert die Zucht. Der enge Verwandtschaftsgrad innerhalb der Population führt zu Problemen, da man keine neuen Bestände ausfindig machen kann. Mit rund 550 Tieren ist der Bestand relativ sehr klein.

> **EIGENSCHAFTEN:** Mittelgroßes, oft hochbeiniges Landschaf. Schöne, feine Wolle; Kopf, Läufe und Bauch unbewollt. Gerader, schmaler Kopf mit typischer Brille um die Augen; hornlos. Früher gab es Tiere mit oder ohne Augenflecken, heute sind diese ein Charakteristikum der Rasse. Je älter die Tiere werden, desto mehr verblaßt die Zeichnung. Gut gezeichnete Tiere sind als Lämmer am ganzen Körper gefleckt, nach der ersten Schur bleibt die Wolle allerdings auch über den Flecken weiß. Die Rasse ist auch bloß mit Grundfutter gut mastfähig, die Lämmer nehmen schnell zu. Der Körper ist harmonisch und tief, die Läufe oft lang. Starke Keulen, kräftige Läufe, raumgreifender Gang, harte Klauen.

■ STEINSCHAFE (A, D)

Die unter diesem Überbegriff stehenden Schläge oder Unterrassen gehen alle auf das uralte Zaupelschaf zurück. Dieses stammte vom jungsteinzeitlichen Torfschaf ab und gelangte mit indogermanischen Stämmen in den Ostalpenraum. Sein weites Verbreitungsgebiet umfaßte Süddeutschland, Österreich, Böhmen, Mähren, Schlesien, Krain sowie auch die Schweiz. Im Mittelalter zählte es mit dem eng verwandten Waldschaf zu den verbreiteten mischwolligen Landschafen. Das kleinrahmige, unveredelte Schaf war für den Kleinbauern in Extremlagen eine geeignete Rasse, die wenig Ansprüche an Haltung und Zucht stellte. Solche Landschafe waren aufgrund ihrer Widerstandsfähigkeit, Anspruchslosigkeit und hohen Fruchtbarkeit sehr beliebt und wurden dreifach genutzt: Milch, Wolle und Fleisch. Wahrscheinlich hatte jede lokale Ausformung ihren eigenen Namen; gegenüber den mittelgroßen, mischwolligen (z.B. Rhönschaf) und den kleinen, kurzschwänzigen Schafrassen (z.B. Heidschnucke) waren sie klar abgrenzbar. Originale Bestände von ähnlicher genetischer Struktur existieren noch in Ungarn, wo es noch heute als Zaupel- oder Ciktaschaf bezeichnet wird. Als älteste Schafrasse des Ostalpenraumes stellt das „Original Steinschaf" einen wertvollen Genbestand dar. Der Zusatz „Original" hat sich zwecks Abgrenzung gegenüber den Schlägen Bayerisches-, Krainer-, Montafoner- und Tiroler Steinschaf eingebürgert. Eine gezielte Erhaltung des Originaltyps wurde erst 1999 in Österreich beschlossen.

SCHAFE

*Krainer
Steinschaf
(A)*

■ **ALPINES STEINSCHAF:** Im Februar 2000 wurde diese einheitliche Bezeichnung für das Original- und das Bayerische Steinschaf festgelegt.

● **BAYERISCHES STEINSCHAF:** Sehr selten gewordener Schlag, der sich seit dem Ersten Weltkrieg im weiteren Verlauf zunehmend verringerte und durch Kreuzungen verdrängt wurde. Früher zwei Typen, ein größerer im Chiemgau und ein kleinerer um Berchtesgaden. Kürzlich Bestrebungen zur Zuchtbelebung.

● **ORIGINAL STEINSCHAF:** Direkter Nachfahre des Zaupelschafes. Kleines, sehr widerstandsfähiges und fruchtbares Gebirgsschaf, das seinen Namen von der Region Steiner Alpen zwischen Kärnten und Slowenien erhielt und von dort auch nach Salzburg und Bayern gelangte. Nach dem Ersten Weltkrieg in den Gebieten von Salzburg, Tirol, Kärnten und Steiermark verbreitet.

■ **KRAINER STEINSCHAF:** Ein asaisonales Milchschaf vom Typ des Steinschafs, das noch Merkmale des Zaupelschafes trägt und erst seit relativ kurzer Zeit wieder in Österreich und Deutschland eingeführt ist. Seit 1986, als man auf den Bestand in Slowenien aufmerksam wurde, zögernde Importe nach Österreich und in die BRD.

SCHAFE

Alpines Steinschaf (A, D)

■ **MONTAFONER STEINSCHAF:** Mit dem Schweizer Bündnerschaf verwandt und wie dieses ein echter Nachkomme des Torfschafes aus der Pfahlbauzeit *(Ovis aries palustriens)*. Die Restbestände der uralten autochthonen Montafoner Rasse liegen derzeit bei nur rund 60 Tieren. Besonders seidige Wolle, manchmal gehörnt; extrem widerstandsfähig.

■ **TIROLER STEINSCHAF:** Älteste Tiroler Schafrasse; heute bedeutend größer als früher. Ursprünglich in den alpinen Regionen Österreichs, Süddeutschlands und Italiens bekannt. Seit 1970 erfuhr die Rasse durch die Bemühungen des Schafzuchtverbandes und einiger Zillertaler Züchter einen Aufschwung und bedeutenden Qualitätsanstieg.

EIGENSCHAFTEN: Kleines bis mittelgroßes, hageres Schaf mit schmalem Kopf. Gesicht unbewollt; gehörnt oder ungehörnt. Wenig fleischig, aber sehr schmackhaftes, mageres Fleisch. Gewicht je nach Rasse oder Schlag von 35 bis 60 kg bei Mutterschafen und 55 bis 90 kg bei Böcken. Weiß, grau oder schwarz, bewollter, langer Schwanz. Extrem fruchtbar, oft Zwillinge, leichtgebärend. Hervorragende Robustheit bei ausgezeichneter Bergtauglichkeit; leichtfuttrig.

SCHAFE

■ WALACHENSCHAF (VALASKA) (A)

Diese westlichste aller alten Zackelschafrassen soll auf Tiere zurückgehen, die mit rumänischen Hirten aus den Karpaten in die Slowakei kamen. Diese „Walachen-Kolonisation" dauerte etwa vom 13. bis zum 16. Jh. Das Walachenschaf konnte sich in der Hohen Tatra und in den Beskiden ohne weitere Verkreuzung zu einer Rasse entwickeln. Es ist in der ehemaligen Tschechoslowakei und in Südpolen heimisch; überdies wohl auch in Schlesien, wie man aus Krippenschnitzereien von 1900 aus dem Dorf Gruhlich im Eulengebirge erkennen kann.

> **EIGENSCHAFTEN:** Ein mittelgroßes Schaf mit grober, langer Mischwolle; weiß, grau, braun mit Pigmentflecken. Die Böcke haben prächtige, spiralig gewundene Hörner, auch die Muttern sind oft behornt. Edler, gerader Kopf mit kleinen Ohren. Ein lebhaftes, sehr robustes Schaf, scheu und wachsam. Saisonal brünstig, spätreif, häufig Zwillingsgeburten. Sehr seltene Rasse, die akut bedroht ist, nur wenige Dutzend Tiere in der BRD; angestrengte Rettungsversuche diverser Organisationen in Deutschland und der Schweiz.

Walachenschaf (Valaska) (A)

SCHAFE

■ WALDSCHAF (A, D)

Ebenso wie das Steinschaf ist auch das Waldschaf ein direkter Nachkomme des alten Zaupelschafes. Letzteres war bis etwa 1600 das einzige mitteleuropäische Schaf und stellte einen bedeutenden Wirtschaftsfaktor dar, denn es war der alleinige Wollieferant. Das kleine, schlichtwollige Tier besaß keinerlei hervorstechende Eigenschaften, außer seiner Robustheit und Fruchtbarkeit, die es für die extensive Haltung prädestinierten. Der Bestand an Zaupeln ging mit dem Import der frühen Merinos und englischen Fleischrassen stetig zurück. Sie wurden in entlegene, klimatisch ungünstige Rückzugsgebiete abgedrängt, wo sie bis zum 19. Jh. weiter existierten. Im Bayerischen Wald, im Böhmerwald und in Nordösterreich konnten sich mehr oder weniger große Bestände lange halten, ehe auch sie auf einige Reste zusammenschrumpften. In Südungarn wurden Zaupelschafe durch schwäbische Siedler um 1720 heimisch und dienten dort lange Zeit der Wollgewinnung. Sie sind unter dem alten Namen Ciktaschafe bis heute dort anzutreffen und werden im Rahmen, eines Generhaltungsprogrammes bewahrt. Ähnliches trifft für die böhmischen Sumavka-Schafe zu, die staatlich gefördert werden und von denen rund 1.500 Tiere existieren. Sie alle gehörten derselben Gruppe an und sind ebenfalls direkte Zaupel-Nachfahren, ebenso wie Stein- und Waldschaf. Genetische Untersuchungen ergaben eine enge

Waldschaf (A, D)

SCHAFE

Verwandtschaft dieser Rassen, die auch Kreuzungen untereinander erlauben. Bis zur Wende zum 20. Jh. hielten die bäuerlichen Kleinbetriebe der Berg- und Waldregionen Schafe in kleinen Herden, um den eigenen Wollbedarf zu decken. Die schlichte Wolle ließ sich relativ leicht von Hand verspinnen; erst mit der rapide ansteigenden Verfügbarkeit von industriell hergestellten Textilien wurde auch das unrentabel. Binnen weniger Jahrzehnte ging der Bestand an Waldschafen weiter zurück, so daß nach dem Zweiten Weltkrieg nur mehr wenige Tiere vorhanden waren. Als man sich in den achtziger Jahren entschloß, die Bestände zu konservieren, gab es einen kleinen Aufschwung; heute kann Bayern auf rund 250 Muttern verweisen; Österreich hat rund 150 Tiere. Die Schafe sind aufgrund ihrer Robustheit und Genügsamkeit bestens für kleine Hobbybetriebe geeignet. Sie stellen eine interessante historische Variante dar, ihre Wirtschaftlichkeit ist allerdings gering.

> **EIGENSCHAFTEN:** Kleines bis mittelgroßes Schaf mit unbewolltem Gesicht und Beinen. Die Wolle ist schlicht und glänzend, der Ertrag relativ gering. Die Qualität ist recht gut, da sich die Wolle nicht verfärbt und sehr haltbar ist. Das Fleisch ist überaus wohlschmeckend, die Mastleistung allerdings gering. Die Tiere sind in großem Maße wetterhart und kaum krankheitsanfällig, daher ideal für Robusthaltung in extensiven Betriebsformen. Hohe Fruchtbarkeit mit asaisonaler Fortpflanzung. Böcke gehörnt; meist weiß, aber auch braun oder schwarz.

■ WALLISER LANDSCHAF (CH)

Diese auch Roux du Valais genannte Rasse stammt aus dem Wallis, wo sie vermutlich aus dem Vispertaler Schaf enstand, das heute ausgestorben ist. Das verwandte Walliser Schwarznasenschaf ist ihm ähnlich, besitzt aber weiße Wolle. SAMBRAUS vermutet frühe Einkreuzungen von Bergamaskern, denen später, etwa um 1875, auch Cotswold-Böcke aus England und Deutschland folgten. Viele Merkmale weisen auf alte italienische Rassen hin.

Als im 20. Jh. viele der alten Schweizer Rassen ausstarben, überlebte das rote Landschaf. Die Rasse war wegen ihrer groben, rötlichen Wolle geschätzt, die man nicht einfärben mußte. Dennoch war das Roux du pays nicht sehr verbreitet, und in den achtziger Jahren fand sich nur mehr eine Handvoll Züchter, die hartnäckig an ihren Tieren festhielten. Der Verein für das Walliser Landschaf wurde 1994 gegründet und betreut die Rasse und ihre Zucht in Zusammenarbeit mit Pro Specie Rara. Man führt das Herdbuch, organisiert die Zuchtschauen und kümmert sich um die genetische Variabilität, um die gesunde Zukunft der Rasse abzusichern. Damit die Seitenlinien nicht verloren gehen, werden Tiere mit sel-

SCHAFE

Walliser Landschaf (CH)

tenem Erbgut regelmäßig verlautbart. Die meisten Züchter befinden sich im westlichen Mittelland, im Jura, den Berner Alpen und im Welschland. Im Wallis stieg das Interesse an der Herdbuchzucht bedeutend an, dort wird auch eine regionale Schau abgehalten.
Die leichte, mittelgroße Rasse ist nicht fleischbetont. Als typische Landschafe einer bergigen Region sind die Tiere gute Steiger und hervorragend an das Hochgebirge angepaßt. Die Rasse ist extrem robust, sehr anspruchslos und nützt auch steinigste Weidegründe in steilsten Lagen. Die große Standorttreue macht eine dauernde Hüte überflüssig, zudem sind die Tiere sehr ruhig. Als Nachteil wird angeführt, daß die Rasse so stark an magere Standorte und weite Weideflächen angepaßt ist, daß es bei (Koppel-)Haltung in tiefen Lagen zu starker Verwurmung und Stoffwechselerkrankungen kommen kann.

EIGENSCHAFTEN: Bei hohem Wuchs sind die Tiere harmonisch gebaut. Die Läufe sind unbewollt, anders als bei der Walliser Schwarznase. Das Vlies ist rotbraun, rotgrau oder schwarz, das geramste Gesicht schwarz; oft mit weißem Stern am Schädel. Die lange, wenig gekrauste Wolle kann im Alter ergrauen, sie ist grob und schnellwachsend. Die stark geschraubten Hörner stehen seitlich ab; beide Geschlechter behornt. Lange, stabile Läufe mit sehr harten Klauen. Der Gang ist extrem trittsicher und raumgreifend.

■ WEISSE HEIDSCHNUCKE (D)
(GEHÖRNT UND HORNLOS)

Die Rassen Graue Gehörnte Heidschnucke, Weiße Gehörnte Heidschnucke und Weiße Hornlose Heidschnucke bilden zusammen die Rassengruppe der Schnucken. Als solche bezeichnet man kleine, leichte Landschafe, welche besonders gut an das Leben in Heide und Moor angepaßt sind. Sie zählen zu den ältesten Schafrassen Europas und sind in ihrem Verhalten und Aussehen wildartig primitiv. Ihr Hauptzuchtgebiet waren und sind die feuchten Niederungsgebiete Norddeutschlands und die Lüneburger Heide. Bis etwa 1900 kamen vor allem graue Tiere vor, aber es gab wohl schon früher auch weiße und sogar hornlose. Diese Formen, die heute als eigenständige Rassen gelten, wurden erst ab der zweiten Hälfte des 19. Jh.s züchterisch gesondert bearbeitet. 1905 richtete die Landwirtschaftskammer Hannover Eliteherden für graue und weiße Schnucken ein. Wenig später wurde die hornlose Variante als eigene Abteilung innerhalb des Schafzuchtverbandes von Stade geführt. 1949 gründete man den Verband Lüneburger Heidschnuckenzüchter, der um 1950 rund 31.000 Tiere betreute. Ab dann galt die Weiße Gehörnte Heidschnucke als eigene Rasse, wobei ihr Zuchtgebiet im ganzen Weser-Ems-Gebiet lag, mit dem Zentrum in Cloppenburg. Die Weiße Hornlose Heidschnucke war hauptsächlich in den Gebieten um Bremervörde, Diepholz, Sulingen und Rotenburg verbreitet.

Weiße Heidschnucke (D)

Heute ist die gehörnte Variante recht selten, trotz ihrer Vorteile, wie schmackhaftes Fleisch, gute Eignung zur Landschaftspflege und robuste Konstitution. Die Zucht ist durch das Fehlen zahlreicher Linien bedroht und weist gewisse Inzuchtschäden auf. Der Bestand von rund 1.000 Muttern ist eher rückläufig. Dagegen erfreut sich die hornlose Variante einer recht großen Popularität, man zählt einige tausend Tiere, vor allem im Landkreis Diepholz. Die Rasse wird vornehmlich zur Landschaftspflege eingesetzt. Wie alle Schnucken, so sind auch diese extrem leichtfuttrig und gedeihen von der spärlichen Vegetation der Feuchtgebiete sehr gut. Sie bieten gegenüber anderen Rassen Vorteile wie große Verbißfreudigkeit, harte Klauen, hohe Einlingsgeburtenrate, langsames Wachstum, enormes Pansenvolumen und hervorragenden Fleischgeschmack. All dies macht sie zu idealen Weideschafen für die Hütehaltung in moorigen Gebieten und Heidelandschaften. Schnucken sind ein historischer Bestandteil dieser Regionen.

EIGENSCHAFTEN: Kleines, mischwolliges Schaf. Unbewollter Kopf mit kleinen Ohren. Dichtes weißes Vlies mit grobem Deckhaar und feiner Unterwolle; Kopf, Beine und Schwanzspitze unbewollt. Zartes, aber robustes Fundament mit hellen, harten Klauen, sehr gute Marschfähigkeit, bes. auf moorigem Boden. Spätreif, streng saisonal brünstig, meist nur ein Lamm, gute Muttereigenschaften. Sehr genügsam, ernährt sich von Pflanzen der Moorgebiete und hält die Verbuschung zurück. Hervorragendes Fleisch mit starkem Wildbretgeschmack; langsame Zunahme. Für Koppel- und Stallhaltung wenig geeignet. Extrem wetterhart, aktiv und robust.

■ ZACKELSCHAF (A)

Diese sehr urtümliche ungarische Rasse wird auf die Zeit der Landnahme durch die Magyaren zurückgeführt. Die finno-ugrischen Scharen siedelten ursprünglich in den Steppen zwischen Wolga und Ural und gingen um etwa 500 n. Chr. auf Wanderschaft. Sie zogen an die nördlichen Ausläufer des Kaukasus und von dort in die Ukraine. Nach glücklosen Kriegen wandten sie sich gegen Mitteleuropa und gelangten nach der Überquerung der Karpaten in die ungarische Tiefebene. Dort ließen sie sich 896 unter ihrem Führer Arpád nieder und begannen eine Reihe von Raubzügen, die sie bis Konstantinopel und Frankreich führten. Auf ihren Wanderzügen brachten sie Pferde, Rinder und Schafe aus den östlichen Steppengebieten mit, die in Ungarn bestens gediehen. Die rastlosen Magyaren wurden nach der Niederlage in der Schlacht am Lechfeld 955 zu seßhaften Viehzüchtern.
Während des gesamten Mittelalters und bis etwa um 1800 war das Zackelschaf die häufigste pannonische Rasse, die relativ unveredelt und daher auch nahezu reinrassig ver-

SCHAFE

Zackelschaf (A)

mehrt wurde. Ähnliche der Gruppe der Zackelschafe zugerechnete Populationen gibt es im gesamten Raum östlich von Ungarn, von der Türkei bis zu den Karpaten. Die kleinen, extrem zähen Tiere wurden in Herden auf der offenen Steppe gehalten und von Hirten betreut. Ihre besondere Wetterunempfindlichkeit und vor allem die Hitzeresistenz machten sie für die Region ideal geeignet; Veredelungskreuzungen konnten sich nicht durchsetzen. Somit kann das Zackelschaf als eine der ältesten indogermanischen Rassen gelten. Die charakteristische Hornform wurde den Tieren durch den Menschen angezüchtet, da sie in der Wildform oder bei anderen Primitivrassen nicht vorkommt. Die Hörner gleichen einer extrem langen Schraube. Die Tiere sind zwar weder besonders wirtschaftlich noch leicht zu halten, da sehr fluchtbereit, stellen aber eine interessante Genreserve dar.

EIGENSCHAFTEN: Knapp mittelgroßes, primitives Schaf mit langen, geraden und schraubenartig gedrehten Hörnern (beide Geschlechter). Mischwollig mit langer Grannendecke, daher extrem beständig gegen Hitze, Sonne, Regen, Schnee sowie Sandstürme. Unbewolltes Gesicht mit Stirnlocke, unbewollte Läufe. Kleine, seitlich abstehende Ohren. Sehr robust, aber zu nervöser Fluchtbereitschaft neigend.

Ziegen

■ BEZOARZIEGE (URFORM)

Die asiatische Wildziege oder Bezoarziege *(Capra aegagrus)* gilt allgemein als Vorfahre unserer domestizierten Ziegen. Der Zeitpunkt der Haustierwerdung wird mit dem 8. Jahrtausend v. Chr. angenommen, etwa gleichzeitig mit dem Schaf. Die Ziege bewohnt eine weite Palette von Landschaftsformen, vor allem steppenartige Trockengebiete und Bergregionen. Sie kann sehr gut von den verschiedensten Pflanzen leben und nimmt gerne Blätter, Laub, Rinde von Bäumen und Sträuchern an. Ihre Zähmung wird mit der beginnenden bzw. zunehmenden Versteppung mancher heutiger Wüstengebiete (Sahara, Mittlerer Osten) in Zusammenhang gebracht; auch die Rodung größerer Flächen war möglicherweise für die frühen Tierzüchter mit Hilfe der Ziegen einfacher, nachdem man eine erste Brandrodung durchgeführt hatte. Ziegen lassen sich auch gut mit Schafen zusammen halten, sie sind keine echten Nahrungskonkurrenten und lassen sich leichter ortstreu machen. Die Bezoarziege ist ein kräftiges und großes Tier, das ganz typische Hörner besitzt. Diese sind lang und besitzen die Form eines Krummsäbels. Ihre Vorderkante ist relativ scharf, das Horn ist seitlich abgeflacht. Wie bei allen Wildziegen besitzt der Bock deutlich größere Hörner und einen Bart (Geißbart) am Unterkiefer. Die Bezoarziege kommt in nahezu

Bezoarziege

den gleichen Verbreitungsgebieten vor wie der Asiatische Mufflon, also in den Bergen Kleinasiens und des Mittleren Ostens; ihre Heimat ist der Kaukasus, Süd-Anatolien, Iran, Belutschistan und Pakistan. Man findet sie auch auf einigen Ägäischen Inseln und auf Kreta, doch ist dies wahrscheinlich auf frühe Importe domestizierter Tiere zurückzuführen. Das Wort Bezoar scheint auf eine Verballhornung des persischen Wortes *pâd-zahr* zurückzugehen, was soviel wie „Gegengift" bedeutet. Dies deshalb, weil man im Verdauungstrakt von Wildziegen öfter eine Art von Magenstein finden kann, der im Orient als entgiftend gilt. Aus dem ursprünglichen Verbreitungs- und Domestikationsgebiet der Bezoarziege fanden die neolithischen, domestizierten Ziegen ihren Weg nach Europa, wo keine eigenständige Domestikation stattgefunden hatte; hier gab es den Steinbock, der sich dafür nicht eignet. Als sog. Torfziegen genossen sie bereits in den Pfahlbausiedlungen weite Verbreitung, analog zu Torfschafen und Torfschweinen etc.

> **EIGENSCHAFTEN:** Lange Hörner, die sich in sanfter Kurve auf einer Ebene nach hinten schwingen. Beidseitig abgeflacht, bildet das Horn mit seiner Vorderkante einen „Kiel", der einige flache Querwülste aufweist. Die Ziege ist mit bis zu 95 cm Höhe sehr groß, wobei die Geißen in Horn- und Körpergröße hinter den Böcken zurückstehen. An Hals und Schultern wird das Fell im Winter lang und dicht. Die Farbe ist rotbraun im Sommer, im Winter graubraun. Die Unterseite des Körpers inklusive innere Schenkel und Knie ist hell gefärbt. Ein schwarzbrauner Streifen zieht sich vom Kopf bis zum Schwanz und als Brustfleck bis hinab zu den Läufen, deren Vorderseiten ebenfalls dunkel geschient sind.

■ APPENZELLER ZIEGE (CH)

SAMBRAUS gibt an, daß es sich bei dieser Rasse um einen Typ der alemannischen Ziege handelt, wie aus einer alten Beschreibung (ANDEREGG, 1889) hervorgeht. Tatsache ist, daß es schon vor geraumer Zeit im hügeligen Gebiet von Appenzell-Ausserrhoden und Appenzell-Innerrhoden gute Milchziegen gab, die sich nur wenig von den Saanenziegen unterschieden. Schon in der zweiten Hälfte des 19. Jh.s kam es zu zahlreichen Exporten, vor allem nach Preußen und in andere Schweizer Kantone. Diese Exporte hielten noch geraume Zeit an, bis etwa 1920. Danach gingen sie zurück, weil man mittlerweile eine kurzfellige Ziege bevorzugte und in der Saanenziege den Idealtyp gefunden hatte. Verschiedentlich wurde versucht, die Merkmale durch Einkreuzungen an den Markt anzupassen. Allerdings hielten manche Züchter an der alten Rasse fest; 1903 kam es zur Gründung einer Zuchtgenossenschaft, welche die Reinrassigkeit zu bewahren suchte. Seither kann von einer geregelten Zucht gesprochen werden. Obwohl man bis in das begin-

ZIEGEN

Appenzeller Ziege (CH)

nende 20. Jh. keine deutlichen Unterschiede zwischen Appenzeller- und Saanenziege machte, wurde ab da eine Typerhaltungszucht betrieben. Dies stand im Widerspruch zu den damals noch praktizierten Einkreuzungen von Saanenziegen, vor allem im Kanton Zürich, welche allerdings keinen allzu großen Typverlust brachten. Obwohl die Rasse nur einen geringen Prozentsatz unter den Schweizer Ziegen ausmachte, erfolgten fallweise große Exporte nach Israel, Italien, Amerika und Deutschland. In ihrer Heimat wurde die Rasse systematisch verbessert (Milchleistungsprüfungen) und vermehrt, stellte aber stets nur eine lokale Minderheit dar. Der große Einbruch erfolgte, wie bei allen Ziegenrassen, nach dem Zweiten Weltkrieg. 1977 zählte man nur mehr rund 800 Tiere. Man mußte auf Einkreuzungen der Weißen Deutschen Edelziege zurückgreifen, an deren Entstehung die Rasse einige Zeit zuvor beteiligt gewesen war. Im Rahmen der beiden kantonalen Ziegenschauen im September (Ausserrhoden) und Oktober (Innerrhoden) werden die Tiere bewertet, die Zuchtböcke ausgesucht und typvolle Tiere ohne Abstammungsnachweis in das offene Herdbuch aufgenommen.

EIGENSCHAFTEN: Reinweiße, mittelgroße Ziege von sehr kompaktem Körperbau. Das Fell ist mittellang, an der Hinterhand sogar lang. Der stets hornlose Kopf ist relativ kurz und flach. Hinterhand und Euter sind besser geformt als bei der Saanenziege; gute Milchleistung. Die Tiere sind sehr robust und wetterfest; bestens für die Alpung geeignet, lebhaft und trittsicher.

ZIEGEN

■ BÜNDNER STRAHLENZIEGE (CH)

Die Bündner Strahlenziege ist zwar die jüngste offizielle Schweizer Rasse, der Form nach aber schon recht alt. Sie wurde 1913 als Schwarze Gebirgsziege beschrieben und zusammen mit der Gemsfarbigen Gebirgsziege und der Grau-schwarzen Gebirgsziege (Pfauenziege) genannt. Man darf vermuten, daß sie durch Selektion aus den lokalen Schlägen der – meist gemsfarbigen – Bergziegen entstand. Da sie in dieser Form ausschließlich im Bündnerland vorkam, erhielt sie anfänglich den Namen Bündner Ziege und später Bündner Strahlenziege. Sie war im Kanton Graubünden recht stark vertreten, man kann also von einem lokalen Farbschlag sprechen. Das Wort „Strahlen" rührt von den beiden weißen Gesichtsstreifen her, die bei dieser Rasse von den Hornwurzeln über die Augen bis zum ebenfalls weißen Maul verlaufen.

Noch 1938 gab es keine offizielle Rassezucht oder Zuchtgenossenschaft für Strahlenziegen, die Tiere wurden als Schlag der Schweizerischen Gebirgsziege aufgefaßt. Während des Zweiten Weltkrieges stieg die Zahl der Herdbuchtiere stark an, ging aber in den fünfziger Jahren wieder rapid zurück, ebenso die Zahl der Züchter. Mit dem Ansteigen des Lebensstandards der Arbeiter- und Bauernfamilien wurde die Ziege als Milchtier überflüssig. Der Trend hielt an, und die Strahlenziege war vom Rückgang der Jahre von 1970

Bündner Strahlenziege (CH)

bis 1990 sehr stark betroffen, da ihre Milchleistung nicht entsprach; sie erreichte nicht einmal den Schweizer Durchschnitt. Eine zunehmende Inzucht verstärkte den Leistungsabfall, daher wurde eine Blutauffrischung notwendig. Man entschied sich für die englische Rasse British Alpine, welche im Erscheinungsbild stark den Strahlenziegen gleicht, diese aber in der Milchleistung weit übertrifft. Anfangs der achtziger Jahre führte man drei Böcke aus England ein, deren Nachzucht sich gut bewährte. Zu Beginn der neunziger Jahre kamen zwei französische Poitevine-Böcke zum Einsatz. 1992 fiel die Zahl der Herdbuchziegen im Kanton unter 300 Tiere, es wurden noch sechs Böcke prämiiert. Daraufhin ergriff man Werbemaßnahmen und gründete zu deren Erhaltung eine IG Bündner Strahlenziege. Die IG importierte 1994 erneut Böcke und Ziegen aus England, und dieser Veredelungsversuch ist noch immer erfolgreich im Gang. Seit 1994 nimmt der Herdbuchbestand wieder deutlich zu.

> **EIGENSCHAFTEN:** Mittelgroße, stabile Ziege im Gebirgstyp. Kräftige Beine mit harten Klauen, wenig ausgeprägter Milchtyp. Gehörnt oder ungehörnt, mit charakteristischer Kopfzeichnung: weiße Streifen von der Hornbasis bis zum Maul; auch weiße Ohrränder und Beine, weißer Spiegel; Grundfarbe stets Schwarz. Sehr robust und berggängig, lebhaft und ortstreu. Bindet sich relativ eng an den Menschen. Milchleistung ca. 500 kg / Laktation.

■ ERZGEBIRGSZIEGE (D)

Man weiß über die Anfänge dieser Rasse kaum etwas, außer, daß es schon sehr früh braune Ziegen in der Region zwischen Sachsen und Böhmen gab. Zum Ende des 19. Jh.s wurden erste Importe von ähnlich gefärbten Böcken aus der Schweiz unternommen, die sich bestens bewährten. Bereits 1895 wurde ein Verband für „rehfarbene Erzgebirgsziegen" gegründet, der sich bald zahlreicher Mitglieder in einem weiten Gebiet erfreuen konnte. Man kannte einige regionale Schläge, die sich aber nur unwesentlich voneinander unterschieden. Allen war bereits damals die braune Grundfarbe mit schwarzen Beinen und Bauch sowie Aalstrich eigen. Nur in jenen Gebieten, wo man Harzer Böcke einkreuzte, kamen auch andere Farben vor. Selbst rehfarbene Saanen-Böcke, die heute nicht mehr anzutreffen sind, wurden verwendet. Die Erzgebirgsziege stellte neben der weißen Saanenziege eines von zwei Zuchtzielen in Sachsen dar und war weit verbreitet.
Der Verband der Ziegenzuchtvereine der Region wurde 1909 nach dem Anschluß weiterer Genossenschaften zum „Herdbuchverein der Züchter erzgebirgischer rehfarbener hornloser Ziegen im Bezirke des Landwirtschaftlichen Kreisvereins im Erzgebirge". Staatlicherseits wurde die Zucht gefördert, doch konnte man einen gewissen Mißbrauch bei privaten

Erzgebirgsziege (D)

Böcken nicht verhindern, weshalb man seitens der Züchter 1916 ein Körgesetz forderte. Neben dem Haupttyp gab es den sog. Müglitztaler Schlag, eine etwas uneinheitliche Population, die nicht nur in der typischen rehbraunen Farbe, sondern auch in Grau, Schwarz oder Gescheckt vorkam und oft einen hellen Bauch hatte. Im Zuge der Vereinheitlichung aller Ziegenrassen wurde ab 1928 nur mehr von einer weißen und einer bunten Deutschen Edelziege gesprochen; unter letztere fiel nun auch die Erzgebirgsziege und hörte damit de facto als Rasse zu existieren auf. Doch die Züchter hielten an ihren Populationen fest, zumal eine Vermischung unwirtschaftlich gewesen wäre. Somit galt diese Ziege nach dem Krieg in der damaligen DDR wieder als eigene Rasse. Aufgrund der Nähe und Ähnlichkeit zur Frankenziege wird von Experten befürchtet, daß sich eine nachhaltige Vermischung ergeben könnte, die zur Verdrängung der reinen Erzgebirgsziege führen würde.

EIGENSCHAFTEN: Knapp mittelgroße Ziege mit keilförmigem, breitem Kopf; viel Bart; hornlos. Kurzhaarig, feine Haut. Breiter, tiefer Rumpf, gut bemuskelter Körper und stabile Beine. Die Zeichnung ist typisch und umfaßt einen schwarzen Bauch, ebensolche Läufe und einen Aalstrich; das Gesicht ist etwas dunkler getönt als der kräftig rotbraune Rumpf. Sehr gute Euterform; die Milchleistung ist hervorragend und liegt bei bis zu 1.000 l und einem Fettgehalt von 3,8 %. Robuste, wirtschaftliche und attraktive Ziegenrasse.

■ FRANKENZIEGE (D)

Ursprünglich reichte das Verbreitungsgebiet der Frankenziege vom Fichtelgebirge bis zum Spessart und von der Rhön und dem Frankenwald bis zum Steigerwald und Jura, über die bayerischen Bezirke Ober- und Unterfranken. Im gesamten Gebiet gab es um die Wende zum 20. Jh. Ziegen der verschiedensten Farben und Formen, die keine einheitliche Population darstellten. In diesem Zeitraum erfolgten Einkreuzungen von Saanen- und in verstärktem Ausmaß auch von Rhönziegen. Valerie PORTER weist in ihrem Buch „Goats of the World" auch auf einen starken Einfluß von Gemsfarbigen Gebirgsziegen aus der Schweiz hin. Dies ist aufgrund der rassetypischen Zeichnung nicht auszuschließen. Ziegen der gemsfarbigen Alpenrasse, wie sie früher genannt wurde, kommen in der Schweiz, aber auch in Österreich vor und können aufgrund der zahlreichen frühen Exporte sicher auch nach Franken gelangt sein. Auf diese Phase der Einkreuzungen folgte eine Konsolidierungsphase, in der die Ziegen ohne weiteres Fremdblut rein weitergezüchtet wurden. Als Zuchtziel wird eine rehbraune, kurzhaarige und hornlose Ziege mit schwarzer Körpereinfassung und schwarzen Beinen beschrieben. Die Rasse zählt heute zur Gruppe der Bunten Deutschen Edelziegen; auch PORTER und SAMBRAUS teilen diese Meinung und

Frankenziege (D)

erwähnen sie nicht mehr gesondert. Im Jahre 1928 faßte der Reichsverband Deutscher Ziegenzuchtvereine alle farbigen (nicht weißen) Ziegenrassen unter diesem Sammelbegriff zusammen. Die einzelnen, oftmals recht kleinen Zuchtgebiete praktizierten aber keinen weitreichenden Austausch von Zuchtmaterial, so daß sich einige Rassen und Schläge durchaus rein erhalten konnten. Die Frankenziege gehört, ebenso wie die ähnliche Erzgebirgsziege und die hellbäuchige Schwarzwaldziege, zu diesen. Heute ist die rehfarbige Frankenziege mit dunklem Bauch hauptsächlich in Bayern beheimatet; nur selten trifft man auf Tiere einer helleren Farbvariante. Bis vor wenigen Jahrzehnten fast durchwegs hornlos, finden sich heute auch immer wieder gehörnte Tiere. Die rahmigen Ziegen bringen kräftige, frohwüchsige Kitze, die sich gut zur Mast eignen. Die Milchleistung ist beachtlich.

> **EIGENSCHAFTEN:** Kräftige und robuste Ziege von mittlerer Größe. Stabiler Körperbau, langer Hals und schöner Kopf mit Stehohren, meist hornlos. Die Grundfarbe des kurzhaarigen Fells ist ein sattes Rehbraun, rund um den Körper verläuft ein deutlicher schwarzer Streifen, der sich am Bauch verbreitert. Die Beine sind ebenfalls schwarz. Die Milchleistung ist mit 800 bis 1.000 kg sehr gut, ebenso die Mastleistung der Kitze. Die Tiere sind bestens für alle Haltungsformen geeignet, auch für extensive Systeme.

■ PFAUENZIEGE (CH, A)

Der Name hat nichts mit dem Pfauenvogel zu tun, sondern leitet sich von den typischen, dunklen Gesichtsstreifen ab. Diese wurden früher als „Pfaven" bezeichnet, was auf Rätoromanisch Flecken heißt. Durch einen Abschreibfehler wurde angeblich aus der „Pfavenziege" der heutige Name.
Wie bei vielen Ziegenrassen ist die genaue Herkunft unbekannt. Um 1887 wurde sie als Prättigauer Ziege beschrieben, sie war auch als schwarz-weiße Gebirgsziege bekannt. Die Namen Razza naz oder Colomba (Tessin) waren ebenfalls üblich; in den italienischen Alpen kam eine braunschwarze Variante als Camosciata delle Alpi oder Capra di montagna di Passiria vor. Das Verbreitungsgebiet lag also nicht nur in den Schweizer Regionen Mittelbünden, Tessin und Prättigau, sondern erstreckte sich über weite Teile der Alpen. In Österreich kam sie häufig in Tirol vor und wurde dort unter dem Namen Stubaier Ziege als bodenständig betrachtet. Auch in Salzburg und Steiermark kamen autochthone Bestände vor, von denen heute jedoch nur mehr wenig übrig ist.
Ab 1923 wurde die Rasse zu den Gemsfarbigen Gebirgsziegen gezählt, mit der Rassenbereinigung von 1938 fiel sie jedoch als Farbvariante an die Bündner Strahlenziegen, was

ZIEGEN

Pfauenziege (CH, A)

den zahlenmäßigen Rückgang beschleunigte. Wie Blutanalysen jedoch ergaben, handelt es sich um eine genetisch eigenständige Rasse, wenn auch eine gewisse Verwandtschaft zur Bündner Strahlenziege und zur Nera Verzasca besteht.

In Österreich kommen die „Mantele" (Mäntelchen) genannten Tiere vor allem in den Hohen Tauern, im Gebiet Mondsee (O.Ö. + Sbg.), in Wildschönau (Tir.) und im Pinzgau (Sbg.) vor. Sie stellen einen seltenen, aber wie Abbildungen beweisen, durchaus alten Farbschlag dar. Solche Tiere wurden übrigens auch in Savoyen gezüchtet, von wo sie nach Amerika exportiert wurden und dort als French Alpine bezeichnet werden. Seit den späten achtziger Jahren werden in der Schweiz durch diverse Körperschaften Anstrengungen unternommen, die Rasse planmäßig und herdbuchmäßig zu vermehren. Der Schweizer Bestand liegt bei rund 300 Tieren; in Österreich gibt es nur rund 50 Tiere.

EIGENSCHAFTEN: Mittelgroße Ziege mit kräftigem Fundament und muskulösem Körper. Attraktive, typische Fellzeichnung mit dunklen Gesichtsstreifen und heller vorderer Körperhälfte. Dunkle Beine und hintere Körperhälfte, allerdings helle Flecken an den Flanken und Unterschenkeln. Edler Kopf mit kräftigem Gehörn; harte Klauen; feste Euter. Robust und bergfähig, gute Fleisch- und Milchleistung bei knapper Fütterung.

ZIEGEN

■ PINZGAUER ZIEGE (A)

Experten führen die Abkunft dieser Rasse auf die wilde Stammform der Hausziegen, die Bezoarziege Asiens, zurück. Die Hornform läßt diese Theorie nicht unwahrscheinlich klingen. Jedenfalls behauptet Prof. AICHHORN, daß es zwischen der von der Torfziege abstammenden Gemsfarbigen Gebirgsziege und der Pinzgauer Ziege deutliche Unterschiede gibt, die eine enge Verwandtschaft unwahrscheinlich machen. Er führt die typische säbelförmige Hornform und die Färbung als Beweis an, daß die Pinzgauer Ziegen – zusammen mit den Schweizer Alpenziegen und den Thüringer Landziegen – auf die alten Hausziegen mit den Merkmalen der Bezoarziegen zurückgehen. Aus ihnen sollen später auch die hornlosen, braunen Schweizer Ziegen und die Deutsche Bunte Edelziege hervorgegangen sein. Die Hörner der Pinzgauer Ziege sind ähnlich denen der Bezoarziege kräftig und säbelförmig geschwungen, mit einem scharfen Grat an der Vorderseite und kaum nach außen geschwungen. Die Rasse weist noch einige urtümliche Verhaltensweisen auf, wie z.B. das Verstecken der Kitze und tageszeitliche Wanderungen.

Die Rasse stammt aus den Gebieten des Pinzgaus, Pongaus, Lungaus und aus Osttirol. Dort gab es früher bedeutende Bestände an Ziegen, deren Milch, mit entrahmter Kuhmilch vermischt, den schmackhaften Pinzgauer Almkäse ergab. Die Tiere waren und sind besonders alpfähig und robust und konnten über Monate auf den Almen im Gebirge gehalten werden. Hin und wieder kam es vor, daß Ziegen den herbstlichen Abtrieb versäumten und sogar am

Pinzgauer Ziege (A)

Berg überwinterten und sich im Frühjahr wieder zur Herde gesellten. Die Alpung ist heute unüblich geworden, da Ziegen diverse Probleme in bezug auf Jagd, Umwelt und Aufwand verursachen. Seit den sechziger Jahren wurden die heimischen Ziegenrassen zunehmend durch ausländische Importe verdrängt bzw. ging die Zucht allgemein stark zurück. Ende der siebziger Jahre wurde ein kleiner Bestand von Ambros AICHHORN gesammelt, und diverse Tierparks sowie einige Private nahmen die Zuchtarbeit wieder auf; heute gibt es rund 400 Tiere.

> **EIGENSCHAFTEN:** Braun, Farbverteilung ähnlich wie bei gemsfarbigen Ziegen; jedoch jedes Haar dreifarbig, an der Wurzel fahl, in der Mitte braun, an der Spitze schwarz. Kräftige, säbelförmige Hörner. Mittelgroße, rahmige Ziege mit stabilen Beinen und harten Klauen. Gutes Euter und beachtliche Milchleistung von rund 600 l bei guter Fütterung. Bergtüchtige, robuste und intelligente Rasse, ideal für Hobbyzüchter.

■ STEIRISCHE SCHECKENZIEGE (A)

Über die Herkunft der Rasse ist wenig bekannt. Sie stellt eine typische Bergrasse dar, die offenbar seit geraumer Zeit in der Steiermark heimisch ist und Einflüssen anderer alpiner Rassen sowie solchen aus dem angrenzenden Slowenien ausgesetzt war. Um die Wende zum 20.

Steirische Scheckenziege (A)

ZIEGEN

Jh. sollen sogar Scheckziegen aus der Steiermark nach Salzburg exportiert worden sein. Typisch ist die zweifärbige schwarz-weiße oder dreifärbige schwarz-braun-weiße Färbung; manche Tiere zeigen einen breiten weißen Brustgurt, unter solchen finden sich auch hornlose. Nahezu immer schwarz oder weiß gestiefelt; häufig durchgehende weiße Blesse. Man verweist auf die Existenz von zwei Schlägen, einen leichteren, kurzfelligen und oft hornlosen in der Weststeiermark sowie einen sehr schweren, gehörnten, mitunter langfelligen in der Untersteiermark.

> **EIGENSCHAFTEN:** Die knapp mittelgroßen Tiere sind robust und wetterhart. Bei eher schlechter Euterform mit langen Strichen ist die Milchleistung dennoch überdurchschnittlich gut. Die hübschen und bergfähigen Tiere sind gut für extensive Haltungsformen geeignet. Die Fruchtbarkeit ist gut, wobei die schlechten Euter das Säugen der Kitze erschweren können.

■ SCHWARZWALDZIEGE (D)

Von ihrem ursprünglichen Zuchtgebiet, dem Schwarzwald, breitete sich die Rasse über ganz Württemberg aus. Schon früh legte man das Zuchtziel auf einen rehbraunen Milchtyp aus, der in der Region bald überwog. Auf die damals häufigen Einkreuzungen von Schweizer Zie-

Schwarzwaldziege (D)

genrassen wurde weitgehend verzichtet, da eine genügend große und qualitätvolle Population an Landziegen vorhanden war. Aus dieser konnte durch Selektion der gewünschte Typ ohne Fremdblut geschaffen werden. Als sämtliche dunklen deutschen Ziegenschläge zur Bunten Deutschen Edelziege zusammengefaßt wurden, erhielt sich im Schwarzwald der alte Typ, da nur wenig Blutaustausch mit anderen Zuchtgebieten erfolgte. Noch heute findet man in Württemberg hellbäuchige Tiere des rehbraunen Schlages, und die dort vorkommenden Bunten Edelziegen tragen vermehrt die Merkmale der Schwarzwaldziege.

> **EIGENSCHAFTEN:** Die Rasse zeichnete sich ehemals durch einen kräftigen, aber schlanken Körperbau aus, war stets hornlos und mit einem hellen, weißlichen Bauch versehen. Die Läufe waren dunkel gestiefelt, das Fell rehbraun oder dachsgrau. Heute ist die mittelgroße Rasse weitgehend einheitlich rotbraun mit dünnem schwarzem Aalstrich, hellen Gesichtsstreifen, hellem Bauch und schwarzen Beinschienen; es kommen seit einigen Jahrzehnten immer wieder gehörnte Tiere vor, die nunmehr seit rund 15 Jahren auch zur Zucht zugelassen sind. Die sehr gute Milchleistung von rund 800 bis 1.000 kg und die hohe Fruchtbarkeit sind typisch. Die Ziegen sind ausgezeichnete Mütter und gute Melker. Robust, frühreif und widerstandsfähig, gut marschfähig und auch für extensive Haltungsformen geeignet.

■ STIEFELGEISS (CH)

Der Ursprung dieser Rasse ist nicht bekannt. Es dürfte sich um eine lokale Variante der Schweizer Gebirgsrassen gehandelt haben, die von den Züchtern der Region Sarganserland-Walensee und dem Bündner Bezirk Imboden herausgezüchtet wurde. Da sich dieses Gebiet weitgehend mit dem St. Galler Oberland deckt, sprach man früher auch von der Oberländer Ziege. Erstmals 1909 auf der Berner Landwirtschaftsausstellung als Rasse vorgestellt, muß deren Zucht also schon viel weiter zurückreichen. Aus der Zeit nach der Wende zum 20. Jh. sind einige schriftliche Quellen und Beschreibungen erhalten, die auf einen dunklen und einen helleren Schlag hinweisen. Die in dieser Region vorkommenden Ziegen wurden damals als wenig produktiv, aber als gut an den Standort angepaßt bezeichnet. Zahlreiche Veredelungsversuche mit Toggenburgern, Gemsfarbigen Gebirgsziegen und Strahlenziegen im Sarganserland schlugen fehl, hinterließen aber ihre Spuren. Ein immer wieder erwähnter Einfluß des Steinbocks ist nicht glaubhaft. Nach der Rassenbereinigung von 1938 wurde die Rasse nicht mehr gesondert erwähnt, sondern den Gemsfarbigen Gebirgsziegen oder den übrigen Rassen zugeschlagen. Nach dem Krieg verschwand das alte System der Hirtschaften, bei dem Schulbuben im Sommer die Geißen weideten. Um 1950 galt die Rasse als nahezu ausgestorben, nur mehr in entlegenen Bergdörfern gab es einzelne Tiere. Anfang der achtziger Jahre erfuhr

Stiefelgeiß (CH)

man bei der neu gegründeten Organisation Pro Specie Rara von der Rasse und entschloß sich zu einer Rettungsaktion. Nur mehr im Dorf Quinten, das nur per Schiff über den Walensee erreichbar ist, fand sich eine weitgehend reinrassige Herde. Aus dieser wurden in letzter Sekunde 14 Tiere ausgewählt, um die Zucht neu aufzubauen. Dazu kamen noch einige typische Ziegen aus anderen, ebenfalls sehr unzugänglichen Gebieten. Ab 1984 wurden die Tiere in vier Herden gehalten und ein eigenes Zuchtsystem zur Erhaltung und dem Aufbau einer Nukleusherde geschaffen. Anfang der neunziger Jahre erwachte das Interesse an der Stiefelgeiß im St. Galler Oberland wieder, und heute sind die Zentren wieder im Sarganserland und im Weißtannental, aber es gibt in der ganzen Schweiz (Ausnahme Tessin) wieder Züchter. Der Zuchtverein wurde 1993 gegründet und hat inzwischen die Agenden von PSR übernommen. Die Rasse ist noch immer von Inzuchterscheinungen und Selektionsproblemen bedroht.

EIGENSCHAFTEN: Robuste, lebhafte und genügsame Ziege, bestens an extreme Lebensräume im Gebirge angepaßt. Sehr berggängig, völlig wetterfest; dicke Haut. Gerade ausreichende Milchleistung bei karger Fütterung. Stabile Läufe, sehr harte Klauen, harmonischer Körperbau. Edler Kopf, beide Geschlechter behörnt; Bart. Kopf, Rücken, Bauch und Beine dunkelbraun oder schwarz gefärbt, bei graubrauner oder rotbrauner Grundfarbe. Lange, mehr oder weniger dichte Grannenhaare am Rücken und an der Hinterhand, die ein „Mänteli" und „Hösli" bilden und typisch für die Rasse sind. Gut geformte Euter, schmackhaftes Fleisch.

ZIEGEN

Tauernschecke (A)

■ TAUERNSCHECKE (A)

Die Rasse, über deren Ursprung wenig bekannt ist, wird als Verwandte der Pinzgauer Ziege angesehen. Man könnte auch von einem Farbschlag derselben sprechen. SAMBRAUS sieht ihre Heimat im Krumltal und im Rauris. Man war lange Zeit der Meinung, daß es nur eine typisch österreichische Rasse gäbe; zwar wurde eine Scheckziege schon 1921 in der Literatur erwähnt, war aber in der Praxis nicht oder kaum anzutreffen. In den sechziger Jahren begann Johann WALLNER aus Maishofen, alle Tauernschecken zu sammeln und planmäßig zu züchten, ein Zuchtbuch existiert seit 1967. Heute gibt es rund 100 eingetragene Tiere, einige auch im Tierpark Schönbrunn in Wien. Die Rasse stellt sich als attraktiv gescheckte Variante der Pinzgauer Ziege dar; sehr gute Milchleistung.

■ THÜRINGERWALD-ZIEGE (D)

Im Gebiet von Thüringen und besonders im Kreis Erfurt gab es von jeher eine intensive Ziegenzucht. Die dort wie überall sonst in Deutschland vorherrschende Landrasse war recht uneinheitlich und wies alle Farben auf. Man glaubt jedoch, daß eine graue oder braune Farbe mit Aalstrich am häufigsten war. Erst spät im 19. Jh. begann man, die Ziegenzucht systematisch anzuheben, und gründete dazu ab 1877 erste Vereine und Verbände. Durch die ersten Importe von Schweizer Ziegen konnte eine rasche Qualitätsanhebung in manchen heimischen Beständen erzielt werden. So auch in Thüringen, wo man ab 1897 Böcke der Toggenburger Rasse aufstellte. Die Toggenburger waren und sind eine milchreiche, robuste Rasse aus der Zentralschweiz. Sie bewährte sich in der Einkreuzung in die Thüringer Ziegen so gut, daß man künftig eine Verdrängungskreuzung propagierte, deren Produkte schließlich Erfurter Toggenburger genannt wurden. Nach einer gewissen Konsolidierungsphase konnte man von der Thüringer Toggenburger sprechen. Damit wurde auch die typische Zeichnung der Toggenburger, mit heller Maske und hellen Beinen, immer beliebter. Da man Toggenburger als ausländische Rasse bezeichnete, durften sie 1934 nicht an der Reichsnährstandsschau teilnehmen. Hier kam den Thüringer Züchtern der Umstand entgegen, daß ihre Ziegen im Gegensatz zu den Schweizer Toggenburgern ein kurzes Fell hatten. Aufgrund dessen konnte man die Verantwortlichen davon überzeugen, daß es sich um eine eigene Rasse handelte, und 1935 wurde sie in Thüringerwald-Ziege umbenannt. Im Jahr darauf war sie ausstellungsfähig und konnte sogar Preise erringen. Die Rasse war weit verbreitet, allerdings kamen nur in Thüringen, Preußen und Bayern große Bestände vor. Selten traten schwarze Exemplare auf, die nicht sehr geschätzt waren.

Nach dem Krieg ging die Zahl der Züchter und Tiere rasch zurück, mit der Modernisierung der

Thüringerwald-Ziege (D)

Landwirtschaft auch in der damaligen DDR verloren Ziegen an Bedeutung; 1957 gab es nur noch 167 Herdbuchgeißen. 1981 wurde ein Zuchtverein gegründet, der die Erhaltung erfolgreich vorantrieb – nicht zuletzt wegen der finanziellen Unterstützung. Heute gibt es rund 220 weibliche Tiere, weit verstreut in kleinen Beständen, die Rasse ist bedroht.

> **EIGENSCHAFTEN:** Mittelgroße, kompakte Ziege mit guter Bemuskelung. Meist hornlos; mit gut geformtem Euter ausgestattet; sehr guter Milchertrag von bis zu 1.000 l jährlich. Typische Zeichnung, ganz ähnlich der Toggenburger Ziege, aber dabei kurzhaarig. Weiße Maske in zwei Streifen, die Ohren und Maul einschließt; weiße Beine und helles Euter; weißer Spiegel. Rahmiges Tier auf knapp mittlerem Fundament; robust und widerstandsfähig.

Schweine

■ *Wildschwein (Urform)*

Das Wildschwein *(Sus scrofa)* in seinen rund 25 Unterarten gilt als der Vorfahre unserer domestizierten Schweine. Sein ursprüngliches Verbreitungsgebiet umfaßte in einem weiten Bogen das gesamte Gebiet von Marokko über Europa und den gesamten südasiatischen Raum bis zu den indochinesischen Gebieten. In seinen ursprünglichen Formen kommt es noch heute in großen Teilen Eurasiens vor und wird seit Jahrtausenden als Jagdbeute genutzt. Wildschweine lebten in der nacheiszeitlichen Periode vor allem in den Mischwäldern und bevorzugten Flußtäler und Feuchtgebiete als Lebensraum.

Ihre ausgeprägte Sozialstruktur und gewisse Verhaltensweisen begünstigten eine Domestikation durch den Menschen, da sich vor allem die Frischlinge leicht an den Menschen gewöhnen. Als Allesfresser sind ihre Ernährungsbedürfnisse denen des Menschen ähnlich. Sie benötigen engen Körperkontakt und lassen sich leicht auf bestimmte Futterstellen prägen. Ihre Freß- und Schlafgewohnheiten sind denen des frühen Menschen sehr ähnlich.

Die ersten Domestikationsversuche fanden wohl um 7.000 v. Chr. in den östlichen Mittelmeerländern statt, wie Funde in Israel und Griechenland beweisen, also etwa zur gleichen Zeit, als auch die Zähmung von Schafen und Ziegen erfolgte. Zur selben Zeit gehör-

Wildschwein

te das Wildschwein zusammen mit dem Hirsch in Mitteleuropa zu den beliebtesten Jagdbeuten der steinzeitlichen Jäger. Als sich später frühe Landwirtschaftsformen in Europa ausbreiteten, wurde das bereits domestizierte Schwein mit dem gezähmten Wildschwein zusammen gehalten. Es entstand das sogenannte Torfschwein, das in vielen Merkmalen noch seinem wilden Vorfahren ähnelte, aber bereits im engen Umfeld des Menschen lebte und von diesem genutzt wurde. Die damals in ganz Europa vorherrschenden dichten Wälder begünstigten die Schweinehaltung. Über Jahrtausende bildete sie eine Hauptquelle der Nahrung für Römer, Kelten und andere Völker, wobei man in den höherstehenden Kulturen zwischen zwei Haltungsformen unterschied, der halbwilden Herden- und der Stallhaltung. Bis zum Ende des 18. Jh.s kannte man nur die europäische Variante des domestizierten Schweines, dann kam es zur vollständigen Veredelung mit asiatischen Rassen, der unser heutiges Hausschwein entsprang.

> **EIGENSCHAFTEN:** Mittelgroßes, sehr athletisches Schwein von geringer Ähnlichkeit zum Hausschwein. Langer, gerader Schädel mit Stehohren und kräftigem Gebiß; bei Keilern oft mächtige Hauer (Eckzähne). Schmaler, tiefer Rumpf mit kräftiger Muskulatur. Lange Läufe, die zu sehr schnellem Lauf befähigen. Wühlt und stöbert nach Nahrung, Allesfresser. Starke soziale Bindungen im Rudel und besonders zwischen Bache und Frischlingen; letztere gelblich-braun gestreift, Alttiere schwarzbraun, dichtes Borstenkleid, gerader Schwanz.

■ *ANGLER SATTELSCHWEIN (D)*

Diese holsteinische Rasse ist nicht besonders alt, sie entstand etwa in den ersten 20 Jahren des 20. Jh.s. Schon in den davorliegenden Jahrzehnten hatte man auf der Halbinsel Angeln und in Schleswig-Holstein Schweine mit Sattelzeichnung gekannt, aber eine planmäßige Zucht wurde nicht betrieben. Sattelschweine galten jedoch als besonders robust und fruchtbar, also ging man um 1920 daran, sie durch Importe von englischen Wessex-Saddlebacks zu veredeln. Auch ein gesatteler Eber von der dänischen Insel Alsen wurde intensiv benutzt.
1929 kam es zur Gründung eines Zuchtverbandes auf Angeln, der die Beschaffung guter Eber zur Hauptaufgabe hatte. Die Bestrebungen stießen anfänglich auf Widerstand, und die Zuchtarbeit ging nur stockend voran. Um 1936 war die Rasse in Schleswig-Holstein jedoch weit verbreitet, und 1937 konnte man erste Ausstellungserfolge verbuchen. Die Robustheit, Leichtfuttrigkeit und Fruchtbarkeit hatten sich durchgesetzt. Als man auf englische Eber verzichten mußte, griff man z.T. auf Schwäbisch-Hällische Vatertiere zurück, die sich gut bewährten. Die Rasse verbreitete sich zufriedenstellend und wurde schließlich 1941 in Wien zur

SCHWEINE

Angler Sattelschwein (D)

Reichsrasse befördert, die uneingeschränkt gezüchtet werden durfte. Während und nach dem Zweiten Weltkrieg wurden Schweine als Nahrungskonkurrenten des Menschen wenig gefördert, aber schon um 1947 wurde erneut ein Zuchtverband gegründet, und die Rasse nahm einen erneuten Aufschwung. Man verzeichnete einen enormen Zuwachs an Züchtern und auch an Zuchttieren, die nun Spitzenpreise erzielten. Die Rasse wurde wegen ihres guten, aber fetten Fleisches geschätzt, zudem war ihre Robustheit ein Vorteil. In den fünfziger Jahren erfolgte die Wende; damals hatte sich ein Verband in der damaligen DDR formiert, auch der Export lief gut. Allerdings konnten nun die geänderten Verbraucheranforderungen nicht befriedigt werden. Magere, weiße Schweine waren nun gefragt. Während der sechziger und siebziger Jahre ging der Marktanteil drastisch zurück, schließlich hielten nur mehr wenige Bauern ein paar Sauen der Rasse. 1992 wurde ein Neubeginn mit einigen ostdeutschen Importtieren gestartet, heute gibt es wieder einige Züchter und einen aktiven Förderverein.

EIGENSCHAFTEN: Mittelrahmiges, rundliches Landschwein, dabei genügend lang. Leicht eingedellter, mittelgroßer Kopf mit Schlappohren. Mitunter etwas zu speckiger Rücken mit etwas knapper Muskelfülle. Typische Zeichnung mit rosa Sattel über die Schultern und Vorderläufe, der auch weit nach hinten reichen kann; sonst schwarz. Sehr fruchtbar, weidetauglich, robust und leichtfuttrig. Gutes, durchzogenes Fleisch, viel Speck; manchmal etwas mangelhafte Schinken. Ideal für Robusthaltung.

■ Deutsches Sattelschwein (D)

1948 wurde in der Mitgliederversammlung der Vereinigung Deutscher Schweinezüchter (VDS) beschlossen, die vorhandenen Bestände der Rassen Angler Sattelschwein und Schwäbisch-Hällisches Schwein (in der sowjetischen Besatzungszone) zu einer Population mit Namen Deutsches Sattelschwein zusammenzufassen. Man wollte die bunten Rassen erhalten und systematisch verbessern. Man setzte strenge Selektionskriterien zur Verbesserung der Rasse fest und förderte die Bildung neuer Herden. Nach anfänglichen Erfolgen – auch als Ausgangsrasse für Hybridkreuzungen – ging der Bestand bald stark zurück. Seit den sechziger Jahren wollte man ein mageres Fleischschwein, wodurch die fettreichen Rassen rasch an Popularität verloren. Um 1970 wurden die Restbestände des Deutschen Sattelschweins in einer Thüringer LPG versammelt und zur Schaffung der Hybridrasse L 250 verwendet. Züchterisch wichtig war das Gut Hirschfeld/Sachsen, das bis 1992 eine bedeutende Herde hielt. Die Zuchtziele sind mit denen des Angler Sattelschweines deckungsgleich, das Exterieur ist ebenfalls sehr ähnlich. Ein leichtes Ansteigen der Popularität in Sachsen und Sachsen-Anhalt, vor allem in extensiven Freilandbetrieben, ist wieder zu bemerken.

■ Buntes Bentheimer Schwein (D)

Schon sehr früh treten uns buntgescheckte Schweine aus alten Abbildungen entgegen. In Deutschland sind solche Typen oder Landschläge mindestens seit der Mitte des 19. Jh.s bekannt. Damals gab es in Oberbaden das heute ausgestorbene Baldinger Tigerschwein, aber auch im Norden kamen beim sog. Marschschwein immer wieder gefleckte Tiere vor. Sie gingen vermutlich auf frühe Einkreuzungen von englischen Berkshire- und Cornwallschweinen zurück. So entstanden in einigen Regionen typische Schläge, etwa in Bentheim und Cloppenburg, Niedersachsen, oder im westfälischen Wettringen. Man selektierte damals auf die bunte Farbe und Schlappohren, allerdings kann kaum von einer systematischen Zucht gesprochen werden. Die bunten Schweine erfreuten sich aufgrund ihrer hervorragenden Eigenschaften, wie Robustheit, Leichtfuttrigkeit und Fruchtbarkeit, großer Beliebtheit und wurden überall im Zuchtgebiet bevorzugt gehalten, da sie höhere Preise erzielten.

Seit 1910 wurden im Kreis Bentheim Eberkörungen durchgeführt, allerdings war keine Abstammung erforderlich. Als man diese ab 1925 verlangte, wurden einfach Schwarzdeckungen durchgeführt, der Bestand stieg trotzdem weiter an. Um 1934 forderte man die Anerkennung für die beliebte Rasse, die jedoch wegen der noch uneinheitlichen Merkmale verweigert wurde. Obwohl nun vermehrt weiße Tiere gezüchtet wurden, blieben dennoch zahlreiche bunte Eber im Geschäft, auch wenn dies illegal war. Nach den schwieri-

Buntes Bentheimer Schwein (D)

gen Zeiten des Zweiten Weltkrieges wollte man die Körgesetze wieder verstärkt durchsetzen, und die Eber der bunten Rasse sollten geschlachtet werden. Dies führte zu schwersten Protesten, und endlich erlangten 1955 die bunten Schweine die Anerkennung als Rasse. Zugleich setzte der Niedergang ein, denn die etwas zu fetten Landschweine paßten nun nicht mehr in das Verbraucherkonzept. Zwischen 1960 und 1964 erlitt die Rasse nach erfolgter Verdrängungskreuzung einen starken Schwund und war bald völlig aufgelöst. Allein der Landwirt SCHULTE-BERND erhielt eine völlig isolierte Population und züchtet das reine originale Bentheimer Schwein unbeirrt weiter. 1987 wurde sein kleiner Bestand genetisch untersucht und als Rasse bestätigt. Nur wenige Züchter halten die rund 50 Sauen und 20 Eber, die Rasse ist also extrem bedroht.

EIGENSCHAFTEN: Mittelgroßer, gerader Kopf, Schlappohren. Langes, breites und tiefes Schwein mittlerer Größe. Der Rücken kann mitunter etwas eingesattelt sein, die Brust ist nicht immer genügend breit. Ein sehr robustes und leicht zu mästendes Schwein, das allerdings einen hohen Fettanteil aufweist. Die berühmte bunte Zeichnung umfaßt einige bis zahlreiche schwarze Flecken auf rosa Haut. Hohe Fruchtbarkeit und gute Aufzuchtergebnisse. Sehr schmackhaftes Fleisch; streßresistent, langlebig und freundlich.

SCHWEINE

■ MANGALITSA-SCHWEIN (A)

Obwohl es heute als typisch ungarisches Schwein betrachtet wird, liegen die Wurzeln des Mangalitsa in Serbien. Dort war das alte Sumadija-Schwein sorgfältig aus dem Siska-Schwein entwickelt worden. Prinz Miloš von Serbien hatte im 19. Jh. auf seinem Gut Topsicsér die Rasse verbessert, weshalb sie auch als Miloševa bekannt war. Nachdem man in Ungarn schon lange Zeit Schweine vom Balkan mit den örtlichen Landschweinen (alte Alfölder Rasse) verkreuzt hatte, gelangte nun auch das Sumadija in die pannonischen Gebiete, wo es sich mit den vorhandenen Schlägen zu einem idealen Weide- und Speckschwein entwickelte. Durch Kreuzung mit dem schwarzen Syrmischen Schwein entstand im Süden das Schwarze Mangalitsa, während die ungarischen Tiere meist rotblond waren.

Ungarische Schweine wurden stets in großer Zahl exportiert, wozu man sie zu Fuß nach Österreich (Burgenland), Süddeutschland, der Slowakei, Kroatien und Rumänien trieb. In ihrer Heimat bewährten sie sich aufgrund der dichten Behaarung, die sie gegenüber den heißen ungarischen Sommern und kalten Wintern unempfindlich machte. Die dunkle Haut schützte vor Sonnenbrand. Das westungarische Bakonyer Schwein, identisch mit dem kroatischen Bagun, wurde im späten 19. Jh. vom Mangalitsa absorbiert.

Um 1910 gab es in Ungarn rund 6 Mio. Schweine, die zu rund 90% der Rasse Mangalitsa angehörten. Auch die Nachbarländer hielten große Zahlen davon. Der Erste Weltkrieg brachte eine dramatische Reduktion auf 2 Mio. Tiere. 1927 wurde ein Zuchtverband gegründet, welcher die Rasse selektiv verbesserte und den Verlust des Krieges ausgleichen konnte. Doch nun wurden neben den Speckschweinen, die in extensiven Haltungsformen auf der Weide unter

Mangalitsa-Schwein (A)

SCHWEINE

Zufütterung von Mais gediehen, auch Fleischrassen in Intensivhaltung populär. Zwar besaßen Polen, Rumänien, Jugoslawien und Österreich noch immer zahlreiche Mangalitsas, aber deren Tage waren gezählt. Nochmals wurden sie populär, als man im Zweiten Weltkrieg Schmalz und Speck benötigte, und als private Nutzschweine auf kleinen ungarischen Höfen blieben sie noch einige Zeit zu Kreuzungszwecken mit englischen Fleischrassen. In den vierziger Jahren gab es noch 600 reinrassige Tiere, und als man 1979 erneut einen Zuchtverband formierte, konnten 80 Muttertiere und 7 Eber gefunden werden. Seit rund 15 Jahren betreut die ungarische Regierung die drei Farbvarianten (Rot, Blond und Schwalbenbäuchig) in sog. Genstationen. Spezifische Produkte wie Salami lassen die Rasse hier wie im benachbarten Ausland aufleben.

EIGENSCHAFTEN: Mittelgroßes, tiefes und kurzes Fettschwein. Dicker Bauch- und Rückenspeck, geringe Fleischmenge von ausreichender Qualität. Langes, lockiges Fell in verschiedenen Farbschlägen. Extrem robustes und leichtfuttriges Schwein, das im Sommer auf der Weide lebt und im Winter mit Mais und Rüben gefüttert wird. Kleine Würfe, leichtes Abferkeln, gute Mütter. Spätreif, sehr ruhig und streßfrei; resistent gegen nahezu alle typischen Krankheiten.

■ MORAVA-SCHWEIN (A)

Die Morava-Rasse entstand durch die Verkreuzung der alten serbischen Sumadija-Schweine mit Ebern der Rassen Berkshire und Cornwall. Sumadijas standen auch für das Mangalitsa-

Morava-Schwein (A)

Schwein Pate. Das ursprüngliche Hauptzuchtgebiet liegt im Gebiet von Morava. Die Fleischverarbeitungsindustrie im Ort Jagodina förderte die Selektion der Kreuzungsprodukte auf verbesserte Fleischqualität. Derzeit wird die sehr seltene Rasse auch in ihrem Heimatland nicht gefördert, weil kein Geld vorhanden ist. In Österreich bestehen winzige Zuchtgruppen, die von Inzucht bedroht sind. Es wird jedoch auch in absehbarer Zukunft zu keinen Importen neuer Blutlinien kommen können, da die Seuchensituation dies u.a. nicht zuläßt.

Morava-Schweine sind eher klein und erreichen bei intensiver Mast mit 16 Monaten rund 140 kg. Die Tiere sind schwarz, selten mit weißen Abzeichen. Eingesattelter Kopf mit Schlappohren, mittellanger Rumpf, kurze Läufe. Robust und leichtfuttrig, eignen sich die Tiere für die Freilandhaltung und sind gute Mütter; unempfindlich gegen Sonnenbrand. Typisches osteuropäisches Fleisch- und Speckschwein.

■ ROTBUNTES HUSUMER SCHWEIN (D)

Diese verhältnismäßig junge Rasse mag ihren Ursprung vor geraumer Zeit im Angler Sattelschwein gehabt haben. Unter dieser Rasse sollen öfter rote Farbvarianten aufgetaucht sein. Daneben kam es wohl auch zu Kreuzungen des alten Holsteinischen und Jütländer Marschschweines mit englischen Tamworth-Ebern. Diese brachten die kräftige rote Farbe, die extreme Robustheit und die Stehohren mit ein. Aus diesen Ausgangspopulationen bildete sich um

Rotbuntes Husumer Schwein (Ferkel) (D)

die Wende zum 20. Jh. eine rote Variante des Angler Sattelschweines heraus, die man wegen ihres Zuchtgebietes um Husum auch Rotbunte Husumer nannte. Die dänische Minderheit dieses Raumes hielt solche Tiere, da ihre rot-weiße Färbung den Nationalfarben Dänemarks entsprach und somit ein Symbol für den Nationalstolz war. Um 1916–17 wurden die Tiere als Variante der Angler Rasse verstärkt populär, man griff wieder zu Tamworth-Kreuzungen zwecks Farbverstärkung, die sich aber nicht mehr bewährten.

1954 wurde das Rotbunte Husumer Schwein als Rasse offiziell anerkannt und ein Herdbuch angelegt. Der Höhepunkt der Beliebtheit war allerdings schon überschritten, andere, moderne Rassen verdrängten es. 1968 wurden letztmalig Tiere auf Ausstellungen gezeigt, das Herdbuch wurde aufgelöst. In den folgenden zwei Jahrzehnten geriet die Rasse in Vergessenheit, nur wenige Exemplare verblieben. 1984 tauchten wieder – nicht ganz reinrassige – Rotbunte auf der Grünen Woche Berlin auf und erregten öffentliches Interesse. Der Berliner Zoo kaufte einige Zuchttiere, ebenso der Betrieb von Dr. GÜNTERSCHULZE. Beide Zuchtstätten züchteten unter gegenseitigem Blutaustausch weiter, und man gründete eine Interessensgemeinschaft. Es fanden sich noch mehr Züchter, und gemeinsam schuf man durch strenge Selektion aus den mischerbigen Tieren eine neue Population, die äußerlich den alten Husumern völlig gleicht. 1996 wurde ein Förderverein gegründet, welcher die Zucht und Vermarktung der damals rund 150 Tiere in die Hand nahm. Die Zucht wird heute finanziell gefördert, wie dies auch bei anderen seltenen Rassen der Fall ist.

EIGENSCHAFTEN: Gleicht dem Angler Sattelschwein, jedoch ist die Vor- und Nachhand nicht schwarz, sondern rot. Sehr robustes und weidefähiges Schwein; Stehohren kommen vor; winterhart; gute Mütter.

■ SCHWÄBISCH-HÄLLISCHES SCHWEIN (D)

Die rezenten Sattelschweinrassen gehen vermutlich auf das Maskenschwein Asiens zurück. Bis ins 18. Jh. wurden in Europa nur die domestizierten Nachfahren des Wildschweines als Hausschweine gehalten. Erst die Importe von chinesischen Schweinen durch die Ostindische Handelskompagnie änderten dies und führten zu einem Aufschwung der Schweinezucht und -mast. Die chinesischen Schweine besaßen eine überlegene Mastleistung, waren gutmütig und robust und wiesen eine weit überlegene Fruchtbarkeit auf. Um 1820 erfolgten erste Importe solcher Tiere aus England nach Deutschland, die großes Interesse hervorriefen. Das Schwäbisch-Hällische Landschwein bekam seinen Namen deshalb, weil es im damaligen Württembergischen Königreich in der Region Schwäbisch Hall am weitesten verbreitet war. Bereits um 1844 konnte man lesen, daß das Hällische Land das Land der Schweine sei; hier sei die Zucht und Mast am besten entwickelt und nirgendwo sonst träfe man auf die „eigenthümli-

SCHWEINE

Schwäbisch-Hällisches Schwein (D)

che und vorzügliche Rasse". König WILHELM I. (der Landwirt auf dem Thron) förderte die Zucht durch Importe und Musterbetriebe auf seinen Krongütern. Das Aussehen der Tiere wird so beschrieben, wie wir sie heute noch kennen. Im späten 19. Jh. kam es durch planlose Verkreuzungen zu einem weitreichenden Niedergang der Rasse, der erst nach der Wende vom 19. zum 20. Jh. durch systematische Zuchtarbeit wieder wettgemacht werden konnte.
Bis in die fünfziger Jahre des 20. Jh.s änderte sich wenig. Die Zucht wurde durch moderne Selektionsmechanismen weiter vorangetrieben und erreichte einen Hochstand, der zur weiten Verbreitung der Rasse führte. In den sechziger Jahren erfolgte der rasche Niedergang, denn nun setzte die große Gleichmacherei ein, welche die holländischen Magerschweine auf Kosten der alten Landrassen bevorzugte. Die Zucht ging rasch zurück, und 1969 wurde die Zuchtbuchführung eingestellt. Nur mehr wenige kleine Betriebe hielten an der Rasse fest, offiziell galt sie ab 1983 als ausgestorben. Ab 1984 bemühte man sich um die Wiederbelebung der geringen Restbestände (7 Sauen), und 1986 wurde ein Verband gegründet, der schließlich die finanzielle Förderung der Rasse erreichte. Diverse Erfolge bei Landwirtschaftsschauen trugen dazu bei, daß es heute wieder rund 2.500 Schweine dieser Rasse gibt.

EIGENSCHAFTEN: Mäßig eingedellter Kopf, große Hängeohren; Kopf und Halspartie immer schwarz, ebenso die Beckengegend und der Schwanz, sonst weiß. Langer, sehr geräumiger Rumpf mit ausgeprägtem Bauch; mindestens 14 Zitzen. Robuste Läufe, gute Schinken. Milchreiche, fürsorgliche Mütter; gutmütig. Robust, streßunempfindlich und genügsam. Beste Fleischqualität und gute Zunahme.

SCHWEINE

■ TUROPOLJE-SCHWEIN (A)

Die Geburtsstunde der Rasse dürfte um 1777 liegen, als unter Kaiserin Maria Theresia dunkle englische Schweine zwecks Veredelung nach Kroatien gebracht wurden. Es dürfte sich um Berkshire- oder gefleckte Leicester-Pigs gehandelt haben, die starkes Pigment in die örtlichen weiß-grauen Siska-Schweine einbrachten. Manche Autoren setzen diesen Vorgang auch an das Ende des 19., nicht des 18. Jh.s. Über die englischen Tiere fand auch eine Spur asiatischen Blutes Eingang.

Jedenfalls ereigneten sich weiterhin nahezu keine Einkreuzungen fremden Blutes, so daß man um 1900 gemeinhin von einer eigenen Rasse sprechen konnte. Zu geringen Beifügungen der Rasse Schwarze Mangalitsa aus Syrmien soll es allerdings gekommen sein. Abbildungen lassen vermuten, daß eine Verwandtschaft zum Krainer Landschwein und zum ausgestorbenen Gurktaler Schwein bestanden hat. Ein geringer Einfluß von Baninka-Schweinen (Turopolje mal Berkshire) könnte vor einiger Zeit erfolgt sein, was die heute sehr ausgeprägte Scheckung erklären würde; dies wäre im Sinne einer Rückkreuzung kein Fehler. Die Schweine wurden vor allem in den Save-Auen als Weideschweine gehalten, wofür man eigene Schweinehirten anstellte, welche die z.T. recht großen Herden beaufsichtigten. (Heute gibt es noch einen hauptberuflichen Hirten.) Die Tiere waren optimal an ihr Habitat angepaßt und weideten in den weiten Eichenwäldern der Flußauen, wobei sie zur Nahrungssuche mitunter sogar tauchten. Ihre Nutzung bestand als spätreife Speckschweine in der extensiven Weidehaltung. Bis

Turopolje-Schwein (A)

zum Kriegsausbruch 1991 kaufte das traditionsreiche Fleischverarbeitungsunternehmen Gavrilovic in Petrinja alle erhältlichen Turopolje-Schweine zur Salamiproduktion.

Durch die Kriegswirren des serbisch-kroatischen Krieges geriet die inzwischen sehr kleine Population in akute Gefahr; die Demarkationslinie verlief ausgerechnet durch die Save-Auen. Zahlreiche Schweine wurden gewildert, von Soldaten als Zielscheiben benützt oder versprengt; der Nachkriegsbestand lag bei rund 30 Tieren. Eine rasche Rettungsaktion brachte einige Tiere im Hinterland in Sicherheit. Zusammen mit der im Schutzgebiet Lonjsko Polje tätigen Organisation „Euronatur", der SAVE und dem Wiener Tiergarten Schönbrunn unter der Leitung Dr. Pechlaners wurde ein Programm begonnen, das zur Überführung eines kleinen Bestandes in den Zagreber Zoo und schließlich nach Schönbrunn führte. Die letzten Schweine im Ursprungsgebiet sind akut durch Wilderei gefährdet. Die österreichische Herde von nunmehr 30 Tieren ist auf einige Züchter verteilt und somit in sicheren Händen.

EIGENSCHAFTEN: Mittelgroßes, rahmiges Schwein mit deutlichem Speckansatz. Langer und starker Körper auf kurzen, kräftigen Beinen. Starker Kopf mit großen Hängeohren. Helle Grundfarbe mit zahlreichen unregelmäßigen dunklen Flecken. Nur schwach geringelter Schwanz. Extrem robust und genügsam; ideales Weideschwein, das mit geringem Zufutter gutes Fleisch und viel Speck ansetzt. Ruhig und krankheitsresistent.

Geflügel

■ Die Urformen

Die **Haushühner** stammen mit großer Wahrscheinlichkeit vom asiatischen Bankiva-Huhn ab, möglicherweise waren noch andere Formen der Dschungelhühner (asiatische Waldhühner) daran beteiligt. Diese kleinen, wildhuhnfarbigen Vögel leben in China, Indien und Malaysia und sind relativ leicht zu domestizieren. Erste Zuchten entstanden etwa 2000 v. Chr. in Malaysia und gelangten 1500 v. Chr. über Indien nach China und Vorderasien. Von dort kamen sie über Persien, Griechenland und Rom nach Nordeuropa. Lange Zeit als Opfer- und Kulttiere verwendet, erlangten sie im frühen Mittelalter große Bedeutung als Fleischlieferanten; die Eier waren stets eine Delikatesse und dienten auch als Zahlungsmittel.

Die **Hausenten** stammen – je nach Herkunftsland – von einigen unterschiedlichen Stammformen ab. In Europa war eine solche die Stockente, die heute noch wild vorkommt. Erst ab dem Mittelalter wurden Hausenten vereinzelt als Nutzgeflügel gehalten, eine intensive Zucht von Leistungsrassen kennen wir erst ab dem 19. Jh. (Aylesbury, Rouen). In China wurde die Entenhaltung und -zucht schon viel früher betrieben. Die Bali-Ente ist der Urahn der aufrecht gehenden Peking- und Laufenten. Aus Südamerika stammt die Warzenente, die seit etwa 1600 in Europa bekannt ist und in diversen Formen gezüchtet wird.

Die **Hausgänse** stammen von der Graugans ab, die als Wildvogel in ganz Europa verbreitet ist. Da ihre Gössel leicht zu prägen sind, erfolgte die Domestikation schon früh, etwa im ersten Jahrtausend vor der Zeitrechnung. Im alten Rom und Griechenland waren sie bereits geschätzt und galten als göttliche Vögel. In Ägypten erfolgte eine Zucht und Mästung schon wesentlich früher, wurde aber frühzeitig wieder aufgegeben. Im Mittelalter erlebte die Hausgans eine kurze Blütezeit, doch seit dem Dreißigjährigen Krieg erfolgte ein Niedergang der Gänsehaltung in Europa.

Puten, Truthühner oder **Indians** – nach ihrer Herkunft aus „Indien", eigentlich Amerika – stammen ausschließlich von der mittelamerikanischen Stammform ab, die der Bronzepute glich. Die Azteken sollen bereits lange vor Columbus große Herden gehalten haben (Näheres siehe Bronzepute).

Die Perlhühner stammen aus den westafrikanischen und marokkanischen Regionen und wurden bereits im alten Ägypten als Nutzvögel gehalten, ebenso in Griechenland und Rom. Später verschwanden sie als Hausform in Europa völlig und wurden erst um 1400 von seefahrenden Portugiesen wieder aus ihrer Heimat eingeführt. Haus-Perlhühner stehen der Wildform noch sehr nahe und gleichen ihr fast völlig.

Hühner

■ Altsteirer Huhn (A)

Die heute sehr seltene und nur in Österreich und Deutschland vorkommende Rasse tritt in zwei Farbvarianten auf – Weiß und Wildfarbig. Beide Schläge gehen auf die einstmals weit verbreiteten Landhühner zurück, die jahrhundertelang die Hauptmasse der mitteleuropäischen Zweinutzungshühner des ländlichen Raumes darstellten. Die steirischen Landhühner gab es in verschiedenen Farben, Weiß, Schwarz, Gesperbert, Gelbbraun und Wildfarbig. Daraus entwickelte sich das traditionelle Altsteirer Huhn mit dem charakteristischen Federschopf, der ein Rassenmerkmal ist.

Die Hühner sind extrem robust und wetterhart. Bei mittlerer Größe eignen sie sich zur Freilandhaltung, legen rund 180 Eier jährlich und haben zartes Fleisch; Gewicht rund 2 kg bei Hennen und 3 kg bei Hähnen. Eifrige Scharrer und gute Flieger; lebhaft und winterhart. Hellschalige Eier, mittlerer Bruttrieb. Nur mehr wenige Zuchtbetriebe mit einigen Tieren. Dank jahrhundertelanger Auslaufhaltung gut durchgezüchtet, bringen sie bei Nutzung des in Hof und Garten anfallenden Wirtschaftsfutters gute Leistungen, die sie neben ihrer Robustheit ideal für Hobbybetriebe machen.

Altsteirer Huhn (A)

APPENZELLER BARTHUHN (CH)

Die Barthühner wurden ab der Mitte der sechziger Jahre des 19. Jh.s im Appenzeller Vorderland aus den lokalen Landhuhnrassen herausgezüchtet. Es entstand ein kräftiges Huhn, das durch den kleinen Rosenkamm und die vom Bart bedeckten Kehl- und Ohrlappen der Kälte wenig Angriffsfläche bot. Die Rasse kam in zwei Farbschlägen vor, Schwarz und Rebhuhnfarben.

Während sich die schwarzen Barthühner auch heute noch einer großen Beliebtheit erfreuen, sind die rebhuhnfarbigen beinahe ausgestorben. Im Frühsommer 1985 wurde Pro Specie Rara auf das rasante Verschwinden dieses Farbschlages aufmerksam. Man suchte die letzten Tiere zusammen und übernahm die Koordination der Züchtung. Zur Auffrischung der Blutlinien wurden schwarze Barthühner verwendet. Heute halten dank dieser Bemühungen wieder über 50 Züchter das rebhuhnfarbige Barthuhn und lassen ihre Tiere auch im Zuchtbuch eintragen. Allein im Jahre 1999 konnten erneut nicht weniger als elf Zuchtgruppen an neue Züchter vermittelt werden. Hennen wiegen rund 1,8 kg, Hähne rund 2,3 kg.

Appenzeller Barthuhn (CH)

HÜHNER

■ APPENZELLER SPITZHAUBENHUHN (CH)

Hühner mit einer Federhaube auf dem Kopf sind seit dem Mittelalter bekannt. Sie sollen bereits im 15. Jh. in Klöstern gezüchtet worden sein. Hühner dieses Typs waren und sind ideal an höher liegende Bergregionen angepaßt. Sie fliegen gut, übernachten gerne aufgebaumt, besitzen keinen Kamm und nur kleine Kehllappen und sind gute Kletterer.

Bei der staatlich verfügten Rassenabgrenzung des 19. Jh.s blieb die Rasse nur mehr in den beiden Halbkantonen von Appenzell erhalten, weshalb sie fortan danach benannt wurde. Während es damals noch zehn Farbschläge gab, existieren davon heute nur noch fünf: Schwarz, Weiß, Gold-Schwarz getupft, rein Gold, Silber-Schwarz getupft; letzerer ist der weitaus häufigste. Anfang der fünfziger Jahre gab es nur noch wenige Hühner dieser Rasse, die von einigen Züchtern bis heute gehalten wird. Einige Blutauffrischungen mit anderen Rassen gelangen mit wechselndem Erfolg, bewährt haben sich die französischen La-Flèche-Hühner, allerdings wurden der Rassetyp und das Gewicht dadurch verändert. Letzteres liegt bei reinrassigen Hennen um 1 kg, bei Hähnen um 1,5 kg. Die zarte Rasse mit Wildcharakter weist eine typische Federhaube auf, der Kamm ist zu zwei kleinen Hörnern zurückgebildet.

Appenzeller Spitzhaubenhuhn (CH)

BERGISCHER KRÄHER (D)

Die Rasse ist wahrscheinlich mit den noch älteren Bergischen Schlotterkämmen verwandt. Sie könnte unter Beimischung spanischen Blutes sogar von diesen abstammen. Der Name stammt vom außergewöhnlich vollen, tiefen und langanhaltenden Krähen der Hähne. Auch diese Rasse zählt zu den derben Landhuhntypen. Die Tiere sind relativ groß, hoch aufgerichtet und besitzen einen langen Rumpf mit aufgebogenem Rücken. Das Gewicht der Hennen liegt bei über 2 kg, das der Hähne bei rund 3,5 kg. Das Federkleid des Hahnes ist ein rötliches Kastanienbraun, das der Henne ein Schwarz mit goldbraunen Tupfen an den Seiten. Bergische Kräher sind ausgesprochene Nichtbrüter, allerdings ist die Legeleistung mit rund 150 Eiern pro Jahr ziemlich gering. Die spätreifen, massigen Tiere sind also fleischbetonte Wirtschaftshühner. Derzeit gibt es rund 250 Vögel bei rund 10 Züchtern; sie zählen wie die Schlotterkämme zu den extrem gefährdeten Hühnerrassen.

Bergischer Kräher (D)

■ Bergischer Schlotterkamm (D)

Diese Rasse zählt zu den ältesten deutschen Hühnerrassen und wurde ursprünglich in der Grafschaft Berg im Wuppertal gezüchtet. Sie entstand vermutlich aus der Verkreuzung von westeuropäischen Sprenkelhühnern mit spanischen Landhühnern. Bergische Schlotterkämme zählen zu den derben Landhuhnschlägen. Sie besitzen eine gedrungene Form und sind Zweinutzungshühner mit gutem Fleisch und reichlich Eiern.

Die Hennen besitzen einen umgekippten, herabhängenden Kamm, welcher der Rasse den Namen gab. Die Vögel treten in den Farben Schwarz, Weiß, Gesperbert und Schwarz-Gelb auf. Das Gewicht der Hennen liegt bei knapp 2 kg, das der Hähne bei knapp 3 kg. Die Legeleistung beträgt rund 160 bis ausnahmsweise 200 Eier pro Jahr. Derzeit betreuen rund 25 aktive Züchter die Rasse.

Bergischer Schlotterkamm (D)

■ Brakel-Huhn (D)

Die Anfänge dieser Rasse lassen sich nach Holland und Belgien zurückverfolgen. Die Vorfahren der heutigen deutschen Brakel waren holländische Campinerhühner, kleine Vögel mit guter Legeleistung. Diese wurden in Belgien, im Gebiet der flämischen Dörfer Op- und Neederbrakel mit den schwereren Grammont verkreuzt, um Größe und Gewicht anzuheben. Die so entstandene Rasse wurde nach dem belgischen Zuchtgebiet „Brakel" genannt. Nach Deutschland gelangte sie durch den bekannten Geflügelzüchter Arthur WULF, welcher sie ab 1895 verbreitete.

Das mittelschwere Huhn hat einen stabilen, breiten Körper in mittelhoher Stellung; bei Hennen guter Legebauch. Gewicht von rund 2,75 kg bei Hähnen und gut 2 kg bei Hennen. Die Betonung liegt weniger auf der Mast- als vielmehr auf der Legeleistung, obwohl das Fleisch sehr gut schmeckt (in Belgien gilt es als Delikatesse). Man kann mit 180 weißen Eiern rechnen, die kunstbrutgeeignet sind; kein Bruttrieb. Die lebhaften Hühner zeichnen sich durch eifriges Futtersuchen, Leichtfuttrigkeit und hohe Wetterfestigkeit aus. Farben: Silber und Gold. Bestand in Deutschland um 1.200 Vögel bei rund 90 Züchtern.

Brakel-Huhn (D)

HÜHNER

■ DEUTSCHES LACHSHUHN (D)

Das Lachshuhn hat seine Wurzel in einer französischen Rasse, die nach ihrem Heimatgebiet um das gleichnamige Dorf in Zentralfrankreich Faverolleshuhn genannt wird. In Deutschland wurde die Rasse im 19. Jh. umgeformt und züchterisch bearbeitet. Man wollte die guten Eigenschaften der französischen Mutterrasse, die Widerstandskraft und Wirtschaftlichkeit, erhalten; die Farbe der Hennen wurde durch die Einkreuzung von Dorking und Sussex in ein zartes Lachsrot gewandelt.

Die großen, schweren Hühner erreichen ein Gewicht von 3 bis 4 kg beim Hahn und rund 3 kg bei der Henne. Sie sind sehr breit und tief gebaut, mit schön bemuskelter Brust; das Fleisch ist sehr zart und schmackhaft. Die Legeleistung beträgt an die 160 braune Eier, kaum Bruttrieb. Die beiden Geschlechter sind kennfärbig (unterscheidbar); Hennen sind lachsfarbig, Hähne sind bei weißgelbem Kopf an Hals, Brust, Bauch und Schenkel schwarz. Die Rasse besitzt fünf Zehen. Das Lachshuhn ist ein schlechter Flieger, dafür ein sehr ruhiger und zutraulicher Vogel mit ausgeprägter Frühreife. Früher in ganz Deutschland verbreitet, finden sich heute noch rund 1.200 Vögel bei rund 90 Züchtern.

Deutsches Lachshuhn (D)

Deutsches Reichshuhn (D)

Zu Beginn des 20. Jh.s entstand die Bestrebung, ein typisches deutsches Nationalhuhn zu züchten. Man griff zu Einkreuzungen verschiedener, hauptsächlich englischer Rassen in eine Ausgangsbasis von gesperberten Mechelner und Dominikaner Hühnern. Als Veredler wurden rosenkämmige weiße Orpington, weiße und helle Wyandotten, weiße Dorking, Minorka und Sussex verwendet. Die erste Ausstellung der neuen Zuchtrichtung fand 1907 statt, schon 1908 erfolgte die Anerkennung als Rasse. Die Verbreitung erfolgte im gesamten deutschen Raum, auch heute ist die Rasse noch in ganz Deutschland zu finden, allerdings in kleiner Anzahl. Man vermutet rund 1.300 Vögel bei ungefähr 120 Züchtern.

Das mittelschwere Landhuhn weist rund 3 kg Gewicht bei Hähnen und über 2 kg bei Hennen auf. Die schnellwüchsige Rasse ist lebhaft, leichtfuttrig und zutraulich. Die Mastleistung überwiegt gegenüber der Legeleistung, die bei rund 160 Eiern liegt; Schalen rahmgelb. Die variierenden Farben reichen von Weiß über Gelb bis zu Rot, Schwarz, Gestreift und Birkenfarbig, auch Silber-schwarz gesäumt und Gold-schwarz gesäumt sind bekannt. Wetterhart und robust, ist dies ein typisches Landhuhn. Die Rasse gilt als gefährdet.

Deutsches Reichshuhn (D)

■ Deutsches Sperberhuhn (D)

Der bekannte Duisburger Geflügelzüchter Otto TRIELOFF schuf um 1900 eine neue Rasse. Diese war mittelschwer und gesperbert. Das Ausgangsmaterial für die leistungsstarke Neuzüchtung waren gesperberte Plymouth Rocks, gesperberte Italiener, Graue Schotten, gesperberte Schlotterkämme und schwarze Minorka.

Das Deutsche Sperberhuhn ist eine kräftige und große Landhuhnvariante mit vollrumpfigem, ausladendem Körperbau. Hennen wiegen ca. 2,5 kg, Hähne sind etwas schwerer.

Die Rasse zeigt nur geringen Bruttrieb, dabei jedoch alle anderen Merkmale einer guten Landrasse, wie Frühreife, Robustheit und Frohwüchsigkeit. Die Hühner stehen im Zweinutzungstyp und legen bis zu 180 Eier pro Saison; Fleischleistung und -qualität sind sehr gut. Die Rasse ist nicht unmittelbar bedroht, rund 45 Züchter besitzen etwa 1.500 Vögel.

Deutsches Sperberhuhn (D)

HÜHNER

■ KRÜPER (D)

Kurzbeinige Hühner sind in Deutschland seit dem 16. Jh. urkundlich bekannt, als man sie in einem Vogelbuch unter dem Namen „Kriechhühner" beschrieb. Man verweist auf zwei Rassen, die in Westfalen und im Bergischen Land gezüchtet wurden. Die bergische Rasse war schwerer und mit einem größeren Kamm ausgestattet, die westfälische leichter und mit kleinerem Kamm versehen. 1916 wurden die beiden Rassen zusammengelegt. In beiden war ein bestimmter Erbfaktor, die sog. „Krüperanlage", vorhanden, welche zu einer Verkürzung und Verdickung der Beine führt. In Reinerbigkeit führt der Faktor zum Absterben der Küken im Ei, weshalb man in der Zuchtordnung bestimmte, daß kurzbeinige Krüper nur mit langbeinigen Exemplaren gepaart werden dürfen, nicht aber untereinander.

Krüper sind extrem frühreif, die Hennen beginnen mit sechs Monaten zu legen und bringen rund 220 weiße Eier pro Jahr; kein Bruttrieb, Eier kunstbrutfest. Die leichten Hühner erreichen ein Gewicht von rund 2 kg bei Hähnen und 1,75 kg bei Hennen. Das üppige Gefieder ist schwarz, weiß, gesperbert, schwarz-weiß-gedobbelt oder schwarz-gelb-gedobbelt. Das Zuchtgebiet liegt in Westfalen, ähnliche Rassen sind aber auch in anderen Ländern bekannt. Der Bestand liegt bei ca. 150 Vögeln in 20 Beständen, somit ist die Rasse extrem gefährdet.

Krüper (D)

HÜHNER

■ LAKENFELDER HUHN (D)

Der genaue Ursprung der Rasse ist nicht bekannt, man vermutet ihre Heimat entweder in Holland oder Westfalen, letzeres ist wahrscheinlicher. Der seltsame Name soll davon herrühren, daß die Zeichnung wie ein weißes Laken auf schwarzem Feld aussieht; er kann sich aber auch vom holländischen Dorf Lakerveld bei Vianen herleiten. Vor rund 100 Jahren kreuzte man schwach gesprenkelte Hühner des Typs Sotteghams, die an Hals und Schwanz dunkel gefärbt waren. Mit der Zeit wurde die Körperzeichnung verdrängt, und das Pigment konzentrierte sich auf Hals und Schwanz, wodurch die typische Färbung entstand.

Die mit rund 2 kg bei Hähnen und 1,75 kg bei Hennen recht leichten Hühner sind robuste, eifrige Futtersucher. Die Legeleistung ist mit 180 Eiern und mehr im Durchschnitt recht beachtlich, die Schalen sind stets weiß. Das wenige Fleisch ist sehr schmackhaft. Das lebhafte und attraktive Huhn ist heute in Nordwestdeutschland noch in geringer Zahl vorhanden. Man geht von rund 60 Beständen mit rund 600 Vögeln aus, somit ist die Rasse stark gefährdet.

Lakenfelder Huhn (D)

HÜHNER

■ NIEDERRHEINER HUHN (D)

Die Rasse geht auf holländische Masthühner von blauer Farbe zurück. Diese gelangten um 1925 oder etwas später auch nach Deutschland, wo sie allerdings nur geringe Verbreitung erfuhren. Nach einigen Jahren begannen die beiden niederrheinischen Züchter J. JOBST und F. REGENSTEIN mit einem Umzüchtungsprozeß, der praktisch zu einer neuen Rasse führte. Form und Farbe wurden soweit geändert, daß man 1943 die neue Rasse anerkannte. Gegen Ende der vierziger Jahre des 20. Jh.s entstanden weitere Farbvarianten: Kennfarbig, Gelbgesperbert, Birkenfarbig und Blau.

Diese gut mittelschwere Rasse stellt sich als deutlich fleischbetontes Zweinutzungshuhn (Zwiehuhn) dar. Das Gewicht liegt bei 3 bis 4 kg bei Hähnen und knapp 3 kg bei Hennen. Das Fleisch ist sehr zart und weiß, ebenso die Haut. Bei besonderer Frühreife ist die Körperform sehr voll und rundlich, mit breiter Brust und fleischigen Keulen. Die ruhigen, sehr zutraulichen Hühner nehmen leicht zu, sind wenig aktiv und fliegen sehr schlecht. Die Legeleistung liegt bei rund 170 hellbraunen Eiern; wenig Bruttrieb. Man schätzt den Bestand der gefährdeten Rasse auf rund 1.500 Vögel bei 140 Züchtern.

Niederrheiner Huhn (D)

Ostfriesische Möwe (D)

Die Rasse besteht schon seit dem 19. Jh. und war als Landhuhn alten Typs in Ost- und Westfriesland verbreitet, kam darüber hinaus aber auch bis nach Westfalen vor. Mit dem einsetzenden 20. Jh. begann in Ostfriesland die systematische Züchtung der Rasse, die auch in Holland als Holländische Möve bekannt ist. Zuerst wurde die ursprüngliche Sprenkelung durch Selektion auf die heute typische Flockenzeichnung verdrängt. Später wurde das eher leichte Landhuhn zu einem etwas schwereren Typ umgeformt. Man kennt auch einen Zwergtyp.

Die mittelschwere Rasse besticht durch Robustheit, lebhaftes Wesen und einfache Haltung. Das typische Landhuhn ist nicht plump und sehr agil, sucht eifrig nach Futter und hat nur geringen Bruttrieb. Das Fleisch ist gut, die Legeleistung mit über 200 Eiern beachtlich. Gewicht bei Hähnen 2,5 kg bis 3 kg, bei Hennen rund 2 kg bis 2,5 kg. Als Farben kennt man Silber und Gold mit Flockung. Heute zählt man rund 1.100 Vögel in 80 Beständen.

Ostfriesische Möwe (D)

HÜHNER

■ RAMELSLOHER HUHN (D)

Um 1870 wurde im Dorf Ramelsloh, Kreis Harburg bei Hamburg, eine neue Rasse geschaffen. Man kreuzte auf die alten „Vierländer Landhühner" systematisch Spanier-, Andalusier- und Cochinblut ein und schuf so eine kräftige, veredelte Landhuhnrasse. Die Ramelsloher sind große Hühner mit lebhaftem Temperament. Gegen den Menschen stets freundlich und zutraulich, sind die Hähne des weißen Schlages oft sehr aggressiv gegen Artgenossen. In Freilandhaltung sind die Ramelsloher sehr eifrige Futtersucher.

Die Rasse kommt in den Farbvarianten Weiß und Gelb vor, bei beiden sind Schnäbel und Läufe blau. Der gelbe Schlag wird als wesentlich ruhiger bezeichnet. Das Gewicht liegt bei rund 2,5 kg für Hennen und 3 kg für Hähne. Die Legeleistung liegt bei rund 170 Eiern im ersten Jahr. Früher kannte man einen starken Bruttrieb, der mittlerweile allerdings fast verschwunden ist. Man zählt derzeit rund 15 Züchter und 500 Tiere.

Ramelsloher Huhn (D)

■ Sachsenhuhn (D)

Gegen Ende des 19. Jh.s wurden einige Rassen mit dem Ziel verkreuzt, eine neue, robuste Landrasse zu schaffen. Man verwendete schwarze Minorka und schwarze Langschan, später wurden auch Sumatra eingekreuzt, um die Kammgröße zu verringern. Zuchtziel war ein kräftiges Zweinutzungshuhn, das dem rauhen Klima trotzen konnte. Überdies wollte man eine gute Legeleistung, Widerstandskraft und Leichtfuttrigkeit in der Rasse fixieren. Bis 1923 existierte nur der schwarze Farbschlag, danach kamen auch die Farben Weiß, Gelb und Gesperbert auf, gingen allerdings im Zweiten Weltkrieg wieder beinahe verloren. Bis heute ist die schwarze Variante am häufigsten und in geringer Zahl in ganz Deutschland vertreten.

Das Huhn besitzt einen kräftigen Körper, bei einem Gewicht von rund 3 kg bei Hähnen und 2,5 kg bei Hennen. Beide Geschlechter tragen kleine, aufrechte Kämme und kurze Kehllappen. Mittlere Legeleistung von rund 170 Eiern pro Jahr; wenig ausgeprägter Bruttrieb. Die Rasse ist sehr wetterhart und kälteresistent; frühreif und frohwüchsig, gute Futtersucher. Ruhiges, robustes Landhuhn.

Sachsenhuhn (D)

HÜHNER

■ SCHWEIZER HUHN (CH)

Die Entstehung der Rasse geht auf das Jahr 1908 zurück, als Albert WEISS aus Amriswil sie aus weißen Orpingtons und Wyandotten herauszüchtete. 1919 wurde der erste Verein gegründet und ein Standard geschaffen. Bis zum Zweiten Weltkrieg erfreute sich die Rasse regen Zulaufs, denn die Hühner entsprachen dem damaligen Idealbild. Als nach dem Krieg die Selbstversorgung in der Landwirtschaft an Bedeutung verlor, geriet das Schweizer Huhn in Vergessenheit. 1971 zählte der Zuchtverein nur mehr sechs Mitglieder. Seit 1991 führt Pro Specie Rara das Projekt Schweizer Huhn mit den wenigen noch vorhandenen Zuchtlinien weiter.
Das Schweizer Huhn ist ein typisches Zweinutzungshuhn. Es zeichnet sich durch eine recht hohe Legeleistung und einen guten Fleischertrag aus. Typisch für die Rasse sind der dunkelrote Rosenkamm und das volle, reinweiße Gefieder. Das stattliche Huhn von mittelhoher Stellung hat eine gut entwickelte Muskulatur. Hennen wiegen 2,5 kg, Hähne bis zu 3 kg. Die Rasse stand aufgrund ihrer guten Eigenschaften auch bei der Schöpfung des „Deutschen Reichshuhnes" Pate.

Schweizer Huhn (CH)

HÜHNER

■ SULMTALER HUHN (A)

Diese alte Landhuhnrasse entstand im Sulmtal, zwischen Graz und Marburg, und stellt einen schweren Flachlandtyp dar. Man weiß nichts über die genaue Herkunft, allerdings sind im 19. Jh. Veredelungsversuche mit Cochin und Brahma unternommen worden, die sich nicht bewährten. Es ist bekannt, daß man am Wiener Kaiserhof ausschließlich Sulmtaler Hühner verarbeitete. Mit dem Zweiten Weltkrieg setzte der Niedergang der Rasse ein, heute ist sie sehr selten; eine Zwergvariante erfreut sich größerer Beliebtheit und Verbreitung.
Lege- und Fleischleistung sind gleichermaßen gut entwickelt, die ursprüngliche Robustheit blieb erhalten. Die Tiere wurden traditionell stark mit Mais gefüttert und benötigen daher eine gute Futterbasis. Sulmtaler Hennen wiegen rund 2,5 kg, die Hähne sind um 1 kg schwerer, das Zuchtziel war stets eher auf die Mastleistung ausgerichtet. Das Fleisch ist sehr zart und schmackhaft. Als Farben kommen Rot und Weiß vor, wobei die rote Variante von Weißlich-Rosa bis Wildfarben reichen kann. Beide Geschlechter tragen hinter dem Kamm eine Federhaube, die bei den Hennen deutlich stärker ausgeprägt ist als bei den Hähnen.

Sulmtaler Huhn (A)

■ Sundheimer Huhn (D)

Die Rasse entstand in Sundheim, Kreis Kehl am Rhein. Schon 1886 wurde eine erste Züchtervereinigung gegründet, mit dem Zuchtziel eines perfekten Fleischhuhnes. Gute Mastfähigkeit, schnelles Wachstum und beste Fleischqualität waren Markenzeichen des damaligen Fleischhuhnes, das nach dem Ersten Weltkrieg durch Verbesserung der Legeleistung zu einem guten Zweinutzungshuhn umgeformt wurde. Ab 1966 wurde das Zuchtziel erneut etwas umgestellt, die bis dahin typische kastenartige Form wurde modifiziert.

Das gut mittelschwere Huhn hat einen silberweißen Kopf und schwarz gezeichnete Halsfedern; beide Geschlechter sind nahezu identisch. Die gute Bemuskelung mit besonders ausgeprägter Brust weist auf die ehemalige Fleischrasse hin. Heute legen die Hennen rund 200 dunkelschalige Eier im Jahr; gute Winterlegeleistung, kaum Bruttrieb. Schnellwüchsig und frühreif, ausgesprochene Leichtfuttrigkeit sowie gute Fleischqualität. Die Verbreitung erstreckt sich über ganz Deutschland, wobei rund 700 Vögel in etwa 70 Betrieben gehalten werden, somit ist eine starke Gefährdung gegeben.

Sundheimer Huhn (D)

■ THÜRINGER BARTHUHN (D)

Das Herkunftsgebiet dieser Rasse liegt im westlichen Thüringerwald, um die Ortschaft Ruhla an der Ruhl. Quellen zufolge sollen dort bereits im 18. Jh. Haubenhühner mit einem charakteristischen Federbart verbreitet gewesen sein. Sie gingen wahrscheinlich auf Paduaner und eine alte bodenständige Rasse West-Thüringens, die sogenannten „Otterköpfchen", zurück. Man nannte solche Hühner wegen ihres rundlichen Gesichtes im Thüringer Volksmund auch „Pausbäckchen". Die Rasse war außerhalb ihrer Heimat nie stark verbreitet.

Die knapp mittelgroße, leichte Rasse eignet sich als robustes Zwiehuhn für die extensive Haltung in Gebieten mit kalten Wintern, denn die kleinen Kämme und winzigen Kehllappen verhindern Erfrierungen. Allerdings liegt die Nutzung vor allem in der Legeleistung, weil das Huhn mit einem Gewicht von 2,5 kg bei Hähnen und 1,5 kg bei Hennen sehr leicht ist. Rund 160 weiße Eier pro Jahr und nur wenig Bruttrieb. Gute Futterverwertung und Wetterfestigkeit. Farben Schwarz, Weiß, Blau, Gelb, Gesperbert, Getupft und Rebhuhnfarbig. Typischer Federbart, der Kehle und Backen bedeckt. Rund 1.700 Vögel in 100 Beständen.

Thüringer Barthuhn (D)

HÜHNER

■ VORWERKHUHN (D)

Die Rasse entstand um die Wende zum 20. Jh., als man planmäßig Lakenvelder, gelbe Orpingtons, gelbe Ramelsloher, Andalusier und Sotteghams kreuzte. So entstand eine robuste und attraktive gelbe Rasse. Sie wurde erstmals 1912 in Hannover und Berlin dem Publikum vorgestellt. Der Erfolg war gut, und bald gelangten zahlreiche Zuchttiere nach Sachsen, Schlesien und Thüringen, wodurch sich der Zuchtschwerpunkt in diese Gebiete verlagerte. Das Zuchtziel blieb seit der Rassengründung unverändert: Man wünscht ein derbes, gedrungenes Landhuhn mit den typischen Eigenschaften Robustheit und Wirtschaftlichkeit. Vorwerkhühner zeichnen sich zudem durch die schöne tiefgelbe Färbung mit schwarzen Hälsen und Schwänzen aus, die sehr attraktiv wirkt. Hennen wiegen rund 2,5 kg, Hähne um 3 kg; die Legeleistung ist mit rund 180 Eiern gut, die Fleischleistung ebenfalls. Vorwerkhühner sind robust und scharren gerne. Die Rasse ist mit rund 200 Züchtern nicht extrem gefährdet.

Vorwerkhuhn (D)

HÜHNER

■ WESTFÄLISCHER TOTLEGER (D)

Dieser seltsame Name entstand deshalb, weil man aufgrund der hohen Legeleistung vermutete, die Hennen würden sich „zu Tode legen". Tatsächlich brachten und bringen Hennen dieser Rasse bei ausreichender Fütterung jährlich über 200 Eier. Die Rasse geht vermutlich auf die Sprenkelhühner zurück, es sind somit typische Landhühner sehr alten Ursprungs. Ihr Vorfahre dürfte das westfälische Landhuhn sein, entstanden ist die Rasse im Raum Bielefeld. Wegen der starken Importe ausländischer Spezialrassen ging der Bestand um die Wende zum 20. Jh. stark zurück, wurde jedoch durch die Gründung eines Verbandes 1904 bewahrt. Die sehr attraktiven Hühner kommen in den Farben Silber und Gold vor, letztere ist selten. Die sehr robusten und leichtfuttrigen Landhühner sind frühreif, haben kaum Bruttrieb und eignen sich bestens für extensive Freilandhaltung. Hennen wiegen knapp 2 kg, Hähne knapp 2,5 kg. Die attraktive und nützliche Rasse wird in Deutschland von rund 100 Betrieben gehalten.

Westfälischer Totleger (D)

Enten

■ ORPINGTONENTE (D)

Die Wiege dieser Rasse stand in England, wo man gegen Ende des 19. Jh.s vier Entenrassen planmäßig verkreuzte und damit eine neue schuf. Schon kurze Zeit später gelangten solche Enten nach Deutschland, wo sie seither ebenfalls heimisch sind. (Hier besteht eine Analogie zum Shorthornrind.)

Die typische Besonderheit dieser Rasse ist die sog. ledergelbe Färbung, die sich allerdings bei Verpaarung zweier solcher Tiere nur zu 50 % vererbt; die übrigen Küken sind rein gelb oder gelb-wildfärbig. Die geschätzte ledergelbe Farbe ist zudem nicht lichtbeständig, weshalb man die Tiere in schattigen Ausläufen halten sollte, um ein Verblassen zu verhindern, sofern man an Ausstellungen teilnehmen will.

Die Orpington ist eine ausgesprochen vielseitige Zweinutzungsente mit guter Mast- und Legeleistung. Sehr frühreif, erreicht sie bald ihr Schlachtgewicht, das bei Masttieren um 5–6 kg liegen kann. Normalerweise sind die Erpel rund 3 kg, die Enten rund 2,5 kg schwer. Die Eier sind grünlich, man zählt bis zu 150 Stück jährlich. Die gute Muskelfülle der mittelschweren Ente bietet viel schmackhaftes Fleisch. Die Rasse ist frohwüchsig, leichtfuttrig, lebhaft, ausgesprochen wetterhart und robust. Derzeit sind in Deutschland nur mehr rund 70 Tiere in etwa einem halben Dutzend Betrieben vorhanden.

Orpingtonente (D)

ÖSTERREICHISCHE HAUBENENTE (A)

Die mit einer Art Federhaube am Kopf geschmückten Haubenenten sind seit langem bekannt und existieren nachweislich seit etwa 1800. Die Stammform dürfte aus Holland und Deutschland kommen, heute gibt es nur mehr ganz wenige Züchter in Österreich. Diese Rasse ist eine Mutationsform der Landente und nicht mit anderen haubentragenden Rassen zu verwechseln (Zwergente, Hochbrut-Flugente). Durch einen mutativen Defekt der Schädeldecke kommt es zur Haubenbildung mit offener Schädeldecke, die nur durch Knorpel bedeckt ist. Nur gemischterbige Tiere kommen vor, da reinerbige aufgrund eines Letalfaktors jung eingehen. Das Merkmal Haube vererbt sich unvollständig dominant, man darf nur immer ein haubentragendes mit einem nicht behaubten Tier verpaaren.

Die Enten sind robust und wohlschmeckend, legen auch recht gut. Lebhafte, eifrige und zutrauliche Futtersucher, die ihre Jungen problemlos aufziehen. Meist weiß, aber seit einigen Jahrzehnten auch wildfärbig, schwarz oder gescheckt; orangerote Läufe, kräftiger Rumpf und seltsam gebogener Hals. Eine hübsche und züchterisch interessante, aber auch nützliche Ente für den Hobbyzüchter. Gewicht um 2 bis 2,5 kg.

Österreichische Haubenente (A)

ENTEN

■ POMMERNENTE (D)

Der Ursprung der Rasse liegt in dunklen Enten aus dem Gebiet um Stralsund, wozu auch Vorpommern gehört. Früher nannte man die Tiere auch Schwedenenten, da das Zuchtgebiet bis 1815 politisch zu Schweden gehörte. Von jeher waren hier die Enten- und Gänsezucht besonders gut entwickelt, und speziell die blauen oder schwarzen Enten der Region waren seit der Mitte des 19. Jh.s bekannt und beliebt. Sie dürften ohne wesentlichen Einfluß anderer, ausländischer Rassen entstanden sein. Aus dieser Zeit dürfte auch die rassetypische Zeichnung mit weißem Brustlatz stammen. Man kann von einer weißbrüstigen, robusten Landente mit guter Lege-, Mast- und Aufzuchtleistung sprechen. Die Tiere sind eifrige Leger mit bis zu 100 Eiern pro Saison; sie brüten besser als andere Entenrassen und ziehen problemlos ihre Küken auf.

Die typische Farbe schließt einen dunklen Schnabel und schwarz-rote bis schwarze Läufe ein; der Brustfleck soll klar abgegrenzt sein. Der Rumpf ist lang und breit, der Kopf edel und der Hals schlank. Sehr robust und wetterhart, eignen sich die Tiere bestens für den Hobbyzüchter. Trotz der sehr geringen Verbreitung in nur mehr ca. 10 Betrieben ist der Absatz an andere Züchter gut. Pommernenten stellen geringe Ansprüche an den Halter und sind bei Freilandhaltung auch mit wenig Wasser (Badegelegenheit) zufrieden.

Pommernente (D)

■ Vierländer Ente (D)

Es kann nicht mit Sicherheit behauptet werden, daß diese Rasse noch existiert. Man ist der Meinung, daß nur mehr Einzeltiere vorhanden sein können, wenn überhaupt. Die Rasse stammte von vier kleinen Inseln in der Elbe, zwischen Hamburg und Bergedorf. Von dort verbreitete sich die Vierländer Ente über den ganzen Hamburger Raum, wo sie als „Hamburger Portionsente" bekannt wurde. Mit einem Gewicht von rund 3 kg war sie ideal als Speiseente geeignet. Die gute Legeleistung erstreckte sich über das ganze Jahr, auch über den Winter. Das zarte, magere Fleisch war wohlschmeckend. Weißer, mittelgroßer Vogel mit orangerotem Schnabel und gleichfarbigen Läufen.

Gänse

■ Deutsche Legegans (D)

Die Rasse entstand im Gebiet der nachmaligen DDR, etwa um 1940, mit dem Ziel, die „Werktätigen mit Gänsefleisch, Gänseschmalz und Bettfedern zu versorgen." Man gründete 1941 ein Herdbuch und verfolgte mit Nachdruck das Zuchtziel einer besonders nützlichen Gans mit hoher Legeleistung. Die Abstammung dürfte von besonders leistungsstarken, weißen Landgänsen herrühren, die ursprünglich auf die Graugans zurückgingen. Obwohl in ganz Deutschland bekannt, lag das Hauptzuchtgebiet der Rasse in der damaligen DDR.
Es handelt sich um eine vorzügliche Legerasse mit rund 40 Eiern pro Jahr; kaum Bruttrieb. Die Mastleistung ist ebenfalls sehr gut, Ganter wiegen rund 6 kg, Gänse rund 5 kg. Auch die Federn sind ein wertvolles Produkt; die Farbe ist rein weiß. Diese Gans verfügt über einen rundlichen Kopf, kräftigen Hals und breiten, tiefen Rumpf. Gute Wüchsigkeit und Leichtfuttrigkeit sind typisch. Trotz ihrer vielseitigen Eigenschaften ist der Bestand dieser idealen Dreinutzungsrasse extrem gefährdet, 1997 zählte man nur mehr 12 reinrassige Bestände mit rund 350 Tieren.

Deutsche Legegans (D)

GÄNSE

■ DIEPHOLZER GANS (D)

Diese Landgansrasse bekam ihren Namen nach der Gemeinde Diepholz in Hannover, wo sich seit jeher ein Zentrum der traditionellen Gänsezucht und -mast befand. Man führt die Rasse auf leichte Landgänse und eingekreuzte Emdener Gänse zurück. Die Tiere wurden bis etwa zum Zweiten Weltkrieg über die Sommermonate auf den moorigen Hutweiden in der Umgebung der Stadt in großen Herden gehalten. Ihre Robustheit, Leichtfuttrigkeit und gute Marschfähigkeit waren dabei unerläßliche Bedingungen. Im Herbst holte man die bis dahin nur auf Weidefutter angewiesenen Tiere in große, einfache Ställe und mästete sie mit Getreideschrot bis Weihnachten. Die Gänseherden trugen zur Landschaftspflege bei, indem sie die anmoorigen Bruchweiden beweideten und freihielten.

Die extensive Haltung unter naturnahen Bedingungen ließ eine extrem widerstandsfähige Rasse mit den typischen Eigenschaften der Landgans, wie Bruttrieb, Familiensinn und Weidefähigkeit, entstehen. Diepholzer Gänse wiegen rund 5 bis 7 kg und besitzen ein sehr festes, doch zartes und fettarmes Fleisch. Sie sind rein weiß mit orangen Schnäbeln; kräftig gebaut und mit stabilen Füßen ausgerüstet, entsprechen sie dem Idealbild der mittelschweren Wirtschaftsgans für die extensive Haltung. Die Zucht wird herdbuchmäßig betrieben, allerdings gibt es nur mehr rund 150 Gänse dieser Rasse.

Diepholzer Gans (D)

GÄNSE

■ EMDENER GANS (D)

Man führt die Herkunft der Rasse auf die Graugans zurück und bezeichnet sie als die älteste und wichtigste der deutschen Gänserassen. Angeblich soll sich die Geschichte dieser Gänse bis ins 13. Jh. zurückverfolgen lassen. In der Region von Emden und Bremen soll sich aus der dort beheimateten Landgans, der großen und langhalsigen Schwanengans, eine verbesserte Rasse entwickelt haben, die bald zur bekanntesten überhaupt wurde und die man in viele Länder exportierte, darunter auch England und die USA. Schon die Schwanengans wurde wegen ihrer Größe und Schwere geschätzt, dasselbe traf nun für die Emdener Gans zu, welche sich später auch in intensiven Haltungsformen bewährte und andere Lokalformen verdrängte. Sie stellte auch das Ausgangsmaterial für die vielen Hybridgänse der heutigen industriellen Gänsemast, die vor allem in Polen und Ungarn betrieben wird. Nahezu 90 % aller Gänse weltweit sollen Emdener Blut führen.

Diese extrem großen Gänse erreichen ein Gewicht von rund 11 kg bei Gantern und 10 kg bei Gänsen; die Höhe kann bis zu 1 m betragen. Der Vogel ist rein weiß und besitzt einen extrem vollen, kräftigen Körper mit starker Bauchwamme. Flacher, schlanker Kopf, langer Hals, schöne Brust, breites Hinterteil. Als ideale Dreinutzungsgans (Fleisch, Eier, Daunen) ist sie robust, extrem leichtfuttrig und produziert hervorragendes Fleisch. Durchschnittliches Mastgewicht rund 10 bis 12 kg; Legeleistung rund 35 bis 40 Eier pro Jahr – Gänsemutter jedoch zum Brüten zu schwer; rund 0,5 kg Daunen und mehr. Der reinrassige Bestand ist extrem gefährdet, da nur mehr rund 500 Vögel in ca. 45 Beständen gehalten werden.

Emdener Gans (D)

■ Landgans (Österreichische und Bayerische) (A, D)

Landgänse waren seit dem Mittelalter auf vielen Bauernhöfen verbreitet und wegen ihrer Wirtschaftlichkeit beliebt. Sie alle stammten von den wilden Graugänsen ab, denen sie äußerlich oft noch stark ähnelten. Bis in die jüngste Vergangenheit (Einsetzen der Massentierhaltung) gehörten Gänsefamilien zum gewohnten Bild der bäuerlichen Landschaft, vor allem im Burgenland und im Waldviertel. Mit der Konzentration der Emdener Gänse vor allem in den großen Zucht- und Mastbetrieben des ehemaligen Ostblocks – besonders Ungarns – kam die ländliche Gänsehaltung in Österreich aus der Mode. In Bayern ist sie ebenfalls bedroht.

Die durchwegs kleinen Privatbetriebe wollen die typischen Landgänse mit ihren Vorzügen erhalten. Dazu zählen: hübsches Aussehen mit Ähnlichkeit zur Graugans, dabei meist weiß oder grau gescheckt; mittlere Größe ohne Bauchwamme, gute Lege-, Brut- und Aufzuchteigenschaften, Robustheit und Leichtfuttrigkeit, starker Familien- und Wachtrieb, beste Marschqualität und Weidefähigkeit, robuste Beine. Gewicht rund 4 bis 6 kg, oranger Schnabel, kräftige Bemuskelung bei wenig massiger Brust. Die Tiere sollen sich problemlos und selbständig vermehren und bei Grundfutter von der Weide gedeihen. Rund 40 österreichische Züchter halten Landgänse und stehen in Kontakt mit bayrischen Züchtern, wo die Rasse zwar nicht bedroht ist, aber unter Beobachtung steht.

Landgans (A, D)

GÄNSE

■ LEINEGANS (D)

Diese Rasse ist heute beinahe ausgestorben, man kennt nur mehr einige wenige Bestände mit ein paar Dutzend Vögeln. Früher war die Leinegans vor allem in Oldenburg und an der Ems verbreitet, darüber hinaus aber in ganz Norddeutschland bekannt. Die Rasse entstand in rein bäuerlicher Zucht, wobei man besonderes Augenmerk auf die Wirtschaftlichkeit und die gute Marschfähigkeit legte. Als ausgesprochene Weidegans mußte sie robust sein sowie über Wetterhärte und problemlose Zuchteigenschaften verfügen. Gute Legeleistung und Bruteigenschaften waren gefordert, ebenso Leichtfuttrigkeit und gute Mastleistung.

Weiße oder gefleckte Gans mit aufrechter Haltung, kräftigem Hals und gewölbtem Kopf. Höchstgewicht bei rund 8 kg; keine Bauchwamme. Als tüchtige Weidegans ernährt sie sich gerne von Gras, ist problemlos zu halten und eignet sich für extensive Haltungsformen. Leider sehr selten geworden; laut Roter Liste nur mehr Einzeltiere vorhanden.

Leinegans (D)

■ LIPPEGANS (D)

Die mit den Diepholzern verwandten Lippegänse gehen auf die grauen und weiß-grauen Landgänse der Niederungen des Flusses Lippe bei Paderborn und Soest zurück. Diese Landgänse wurden mit den weißen Diepholzern verkreuzt, und es entstand eine robuste Rasse im mittelschweren Wirtschaftstyp. Die Hochblüte der Rasse, die angeblich rund 130 Jahre alt sein soll, lag in den Jahren zwischen der Wende zum 20. Jh. und dem Zweiten Weltkrieg, als man rund 70.000 Tiere zählte. Die Lippegans ist eine typische Vertreterin der deutschen Landgänse, beweglich und gut bemuskelt, somit besonders gut marschfähig und weidegeeignet. Die Rasse zeichnet sich, ebenso wie die verwandte Diepholzer Gans, durch Robustheit, Wetterfestigkeit und Frohwüchsigkeit aus. Gute Leger, Brüter und Gösselführer sind die alten Landgänse allemal. Die besondere Eignung liegt in der arbeitsextensiven Weidehaltung ohne Zufutter. Früher oft grau gezeichnet, sind Lippegänse heute rein weiß, bei einem Gewicht von rund 5 bis 7 kg, besitzen gutes Fleisch und eignen sich ausgesprochen gut für Hobbybetriebe. Allerdings ist die Zucht bis auf wenige Betriebe und einige Dutzend Tiere zusammengeschmolzen.

Lippegans (D)

Puten

■ Blaue Pute (A)

Blaue Tiere werden in Österreich derzeit als gefährdete Rasse angesehen. Es gibt rund fünf Zuchtbetriebe in Österreich, die Zucht ist stagnierend. Blaue Puten wurden erstmals von BECHSTEIN 1793 erwähnt, der sie als aschgrau bezeichnet. Weitere Hinweise auf die Existenz derart gefärbter Puten erschienen im Jahr 1821, wo man sie blaugrau nannte, und 1852, wo man sie als braungrau bezeichnete. Man nimmt an, daß es sich bei all diesen Farbvarianten genetisch betrachtet um Tiere handelt, die seit 1907 standardmäßig als blau bezeichnet werden. Blaue Puten sind als Variante der schwarzen anzusehen, da es sich um eine Aufhellung des schwarzen Pigments handelt. Im Standard der Kleintierzüchter ist sowohl ein sattes Blau mit einzelnen schwarzen Spritzern als auch ein gleichmäßiges Blau erlaubt. Um ein Dunkelblau zu erzielen, kreuzt man mit rein schwarzen Tieren.

In ihren Eigenschaften ähneln die Puten den Cröllwitzern, sind ebenfalls mit 4 bis 7 kg dem leichten Typ zuzurechnen und eignen sich bestens zur extensiven Freilandhaltung. Sie legen und brüten gut, ziehen ihre Küken problemlos auf und gedeihen mit billigem Wirtschaftsfutter. Junge Küken sind empfindlich.

Blaue Pute (A)

■ BRONZEPUTE (D)

Bronzefarbige Puten ähneln der Wildform, die ursprünglich in Nord- und Südamerika beheimatet war und erst einige Jahrzehnte nach der Wiederentdeckung des Kontinents im Jahre 1524 nach Europa gelangte. Die mexikanische Unterart gilt als Vorfahre der Hausputen. Ihr Weg führte über Spanien nach England und 1533 schließlich nach Deutschland. Andere Quellen setzen diese Daten mit 1519 (Spanien), 1541 (England) und Mitte des 16. Jh.s für Deutschland fest. Schon früh soll ein bedeutendes Zuchtgebiet am Niederrhein entstanden sein. Die Indianer Mittelamerikas hatten die Puten schon lange vor Columbus gezähmt. Bis in das beginnende 20. Jh. wurde der wilde Bronzetruthahn in Nordamerika nahezu ausgerottet, erst strenge Erhaltungsmaßnahmen retteten die schönen Vögel vor dem völligen Aussterben. Die moderne deutsche Zucht geht auf einen um 1909 importierten englischen Hahn zurück.

Die Bronzepute ist ein sehr großer Vogel mit besten Masteigenschaften und hervorragendem Fleisch. Gewicht um 12 – 15 kg beim Hahn und 7 kg bei der Henne. Gute Legeleistung von 25 – 50 Eiern, sehr viel Brutinstinkt, der Hennen auf alle Eierarten sitzen läßt; braungelbe, gepunktete Eier. Nackter Kopf und Hals mit rötlichen Hautwarzen. Langer, kräftiger Rumpf mit schöner, schwarzbrauner Befiederung. Mächtiger Vogel, vor allem die Hähne wirken bei der Balz imposant. Robust, die Küken müssen allerdings trocken untergebracht sein.

Bronzepute (D)

■ CRÖLLWITZER PUTE (D)

Diese schöne Rasse wurde aus den belgischen Ronquirre-Puten gezüchtet. Der Begründer der ersten staatlichen Lehr- und Versuchsanstalt für Geflügelzucht in Halle-Cröllwitz, A. BECK, schuf sie im Jahre 1910. Ausgangstiere waren kupferfärbige Vertreter der Ronquirre-Pute, weil diese damals aus Gründen der Größe, Wirtschaftlichkeit und Fleischqualität besonders geeignet erschienen. Im Jahre 1932 erhielten sie den Namen „Cröllwitzer", damals erlebte die Rasse auch ihren Höhepunkt und eine recht weite Verbreitung. In Österreich, wo man sich heute sehr um die Erhaltung bemüht, war sie immer sehr selten.

Die Rasse ist besonders attraktiv, auf weißem Grund erscheint der Vogel durch die schwarzen Bänder am Ende jeder Feder gesprenkelt. Die Tiere sind heute als leicht einzustufen, bei einem Gewicht von rund 4 bis maximal 8 kg. Dadurch sind sie gut brutfähig (schwere Hybriden zerdrücken die Eier), beweglich und robust. Sehr leichtfuttrig, kommt die Cröllwitzer mit wirtschaftseigenem Futter aus und genießt die Freilandhaltung. Absolut wetterfest und robust, eignet sie sich zur extensiven Haltung. Die Hennen sind gute Leger und Brüter, auch besonders fürsorgliche Mütter; die Küken bleiben relativ lange ziemlich empfindlich (etwa 12 Wochen). In Deutschland und Österreich ist der Bestand sehr gering, man zählt die Rasse zu den extrem gefährdeten.

Cröllwitzer Pute (D)

Perlhühner

■ ÖSTERREICHISCHE LANDRASSE (A)

Die alte Landrasse kam in Österreich bis in die sechziger Jahre häufig in extensiver Haltung vor. Danach wurde sie von den Hybriden in Massenhaltung verdrängt. Der Landschlag ist gut flugfähig, etwas leichter, sehr marschfreudig und besonders leichtfuttrig. Die Eier der Perlhühner sind eine Alternative für Personen, die auf Hühnereier allergisch reagieren. Die Unterscheidung von Landrasse und Hybriden ist ziemlich schwierig, da es oft zu Verbastardisierungen kommt, die schwer einzuordnen sind. Als Kennzeichen dient die Lauffarbe, die bei der Landrasse immer ein reines Schwarzgrau ist; bei Hybriden kommen orange Flecken oder fast ganz orangerote Läufe vor. Das Perlhuhn des alten Landschlags hatte einen kleinen, mehr weißlichen Kopf, war wesentlich robuster als der Hybride und stellte eine ideale Ergänzung des Geflügelbestandes am Bauernhof dar. In der Zeit von März bis September legt eine Perlhenne etwa 100 Eier, zuweilen bis 150. Das Fleisch ist besonders schmackhaft und fettarm. Es gibt in ganz Österreich nur mehr ganz wenige und kleine Bestände an Perlhühnern des Landschlags.

Österreichische Landrasse (A)

BILDNACHWEIS

Umschlag- Wilhelm Wurm, Frankenmarkt
Vorderseite: Oskar Bachinger, Langenwang
Pro Specie Rara, St. Gallen (CH)

Umschlag- Jutta Kirchner, Wien, Tiergarten Schönbrunn
Rückseite: Martin Ehrlich, Teltour
Pro Specie Rara, St. Gallen

Bildnachweis Innenteil:

Pferde: Hans Brabenetz, Wien; Helmut Gloy, Schleswig; A. Brotzler, Stuttgart; Mathias Vogt, Uslar; Martin Haller, Graz; Foto Roltisch, Stuttgart; **Esel:** Tier- und Naturpark Schloß Herberstein.

Rinder: Franz Fischerleitner, Wels; Martin Haller, Graz; Pro Specie Rara, St. Gallen; VEF-Glanrind, Idar-Oberstein; Jutta Kirchner, Wien; Alois Spitzhart, Laakirchen; Rainer Schuhmann, Dresden; Karl Mair, Ellbögen; Tier- und Naturpark Schloß Herberstein; Günther Furthmann, Lenzkirchen; VEGH Klagenfurt; Mathias Vogt, Uslar; Antje Feldmann, Witzenhausen; M. Schnitzhofer, Maishofen; Klaus Schedel, Memmingen.

Schafe: Martin Haller, Graz; Pro Specie Rara, St. Gallen; Verena Tauber, Mitwitz; Franz Fischerleitner, Wels; Joachim Westphal, Groß Zicker; Ortrun u. Andreas Humpert, Marienmünster; Alois Spitzbart, Laakirchen; Gerd Bauschmann, Friedberg; Antje Feldmann, Witzenhausen; Günter Jaritz, Unken.

Ziegen: Jutta Kirchner, Wien; Antje Feldmann, Witzenhausen; Karola Stier, Witzenhausen; Ruth Wokac, Randegg; Werner Abel, Kirchschlag; Georg Grunninger, Engstingen; Vinzenz Krobath, Stallhofen; Franz Fischerleitner, Wels.

Schweine: Martin Ehrlich, Teltour; Jürgen Günther Schulze, Warder; Pro Specie Rara, St. Gallen; Ulla Huspeka, Sieghartskirchen; ZV Schwäbisch-Hällisches Schwein, Wolpertshausen; Franz Fischerleitner, Wels; Antje Feldmann, Witzenhausen.

Hühner: Werner Abel, Kirchschlag; Pro Specie Rara, St. Gallen; VEGH Klagenfurt; Herbert Wieden, Solingen; Günther Jasbinschek, Viktring; Oskar Bachinger, Langenwang; Josef Wolters, Bottrop; Friedrich Käberich, Kreuztal;

Heinz-Dieter Blank, Quichborn; Erich u. Edda Lindsiepe, St. Augustin-Hangelar; Westfälisches Freilichtmuseum, Detmold; Alois Leithner, Seitenstetten; Andreas Peters, Schnererdingen; August Heftberger, Haag/H.; Günter Copi, Schermbeck; Hans Löffler, Gärtringen; Isabella Hofstätter, Michaelnbach; Dieter Fahrner, Telfs; Mathias Vogt, Uslar.

Enten, Gänse, Puten, Perlhühner: Engelbert Sperl, Grein, Alois Spitzbart, Laakirchen; Pro Specie Rara, St. Gallen; Dieter Fahrner, Telfs; Josef Stinglmayr, Wels; Anton Fürstaller, Neukirchen/E.; R. Taufeld; Josef Wolters, Bottrop; Gerd Bauschmann, Friedberg; Mathias Vogt, Uslar.

GLOSSAR

Aalstrich:	dunkler Rückenstreifen entlang der Wirbelsäule
Abzeichen:	helle (weiße) Flecken auf dunkler Grundfarbe
Alpung:	Sommerweidehaltung in den Bergen
Aktion:	Bewegungsmanier
Aue:	weibliches Schaf
Bache:	weibliches Wildschwein
Barockpferd:	Pferd mit rundlichen Formen
Behang:	längere Haare an den Fesseln
Bruttrieb:	Trieb der Henne, Eier auszubrüten
Flotz(maul):	Maul und Oberlippe beim Rind
Fundament:	Gliedmaßen, auch untere Hälfte derselben
Gang, Gänge:	Art und Raummaß der Fortbewegung
Grannenhaar:	hartes Deckhaar
Hauer:	Eckzähne des Ebers
Hybride:	Kreuzungsprodukt zwecks Leistungssteigerung
Kaltblut:	schweres, kräftiges Arbeitspferd
Kamm:	Kopflappen bei Hähnen
kennfarbig:	unterschiedliche Färbung der Geschlechter bei Hühnern
Klauen:	Hufe bei Wiederkäuer und Schwein
Langhaar:	Mähne und Schweif
Lauf:	Bein
Leichtfuttrigkeit:	geringer Anspruch an Nahrungsqualität und -quantität
Mehlmaul:	hell umrandete Maulpartie
Moderhinke:	Fußerkrankung bei Schafen
Paßgespann:	zwei sehr gleiche Pferde für den Zugdienst
Pedigree:	Ahnentafel beim Tier
Pigment:	Farbpartikel, Farbstoff
Rahmen, rahmig:	Ausmaß und Form des seitlichen Körperbildes
Ramskopf:	aufgewölbte (konvexe) Gesichtslinie
schlicht (Wolle):	nicht oder wenig gekräuselt
Stockmaß:	mit Meßlatte gemessene Widerristhöhe
Tiger(schimmel):	weißes Pferd mit dunklen Tupfen
Vlies:	Wolldecke beim Schaf
Vollblut:	durchgezüchtete Pferderasse (englisch oder arabisch)
Wamme:	Halslappen bei Rindern
Warmblut:	leichtes, sportliches Pferd
Zeichnung:	Farbverteilung am ganzen Körper oder Körperteilen

LITERATUR

Bauer/Steinwender/Stodulka: **Mutterkuhhaltung,** Verlag Leopold Stocker, Graz 1997
Brehm, Alfred: **Haustiere,** Bibliographisches Institut, Leipzig 1923
Clutton-Brock, Juliet: **Domesticated Animals,** Heinemann Ltd., London 1981
Dowling, Robert: **Rare Breeds,** Laurence King Ltd., London 1994

Eipper, Paul: **Das Haustierbuch,** Deutsche Buchgemeinschaft, Berlin 1938
Haller, Martin: **Der Pferdeführer,** Kosmos, Stuttgart 1994
Hamm, Wilhelm: **Das Ganze der Landwirtschaft** (Faks.), Weltbild, Augsburg 1996
Kühnemann, Helmut: **Wir halten Nutztiere,** Verlag Eugen Ulmer, Stuttgart 1988
Mason, I.L.: **A World Dictionary of Livestock,** CAB International, Wallingford 1996
Nissen, Jasper: **Enzyklopädie der Pferderassen,** Kosmos, Stuttgart 1997
Oertel/Spörer: **Der große Geflügelstandard,** Verlag Reutlingen, Reutlingen 1997
Porter, Valerie: **Cattle,** Christopher Helm Ltd., London 1991
dieselbe: **Goats of the World,** Farming Press, Ipswich 1996
dieselbe: **Pigs,** Helm Information, Mountfield 1993
Rouse, John: **World Cattle,** University of Oklahoma Press, Oklahoma 1970
Sambraus, Hans Hinrich: **Atlas der Nutztierrassen,** Verlag Eugen Ulmer, Stuttgart 1996
derselbe: **Gefährdete Nutztierrassen,** Verlag Eugen Ulmer, Stuttgart 1994
Schmidt, Horst: **Hühner und Zwerghühner,** Verlag Eugen Ulmer, Stuttgart 1999
Staudacher, Franz: **Antike und moderne Landwirtschaft,** Hofbuchhandlung W. Frick, Wien 1898
Weiss, Urs: **Schweizer Ziegen,** Bisikon 1997
(Das Werk Schweizer Ziegen ist im Eigenverlag erschienen und erhältlich bei: Urs Weiss, Im Zwei 5, CH-8307 Bisikon.)

Weiters herangezogen wurden die diversen Informationsschriften des VEGH, der GEH und PSR, besonders die Sammelwerke Schwerpunkt Rinder, Schwerpunkt Schafe und Ziegen, Gefährdete Schweinerassen, Pferde und Esel sowie der Herdenspiegel und Natur und Land – alte Haustierrassen. Ergänzungen und wertvolle Informationen fanden sich auch in zahlreichen periodischen Zeitschriften der diversen Organisationen, wie Arche, Arche Nova und PSR-Bulletin.

DANKSAGUNG

Mein Dank gilt all jenen Personen, die mit Rat und Tat zum Gelingen dieses Buches beigetragen haben. Besonders erwähnt seien die Organisationen Gesellschaft zur Erhaltung alter und gefährdeter Haustierrassen e.V., Verein zur Erhaltung gefährdeter Haustierrassen und Pro Specie Rara, die Informations- und Bildmaterial beistellten. Weiters der Kosmos-Verlag, der den Abdruck des Zitates aus der Enzyklopädie der Pferderassen von Jasper Nissen gestattete. Mein Vater für seine Mithilfe, Frau Ulrike Eyberg für diverse Anregungen und Informationen. Frau Barbara Bank für Auskünfte, Herr Wolfgang Unterlercher für diverses Material. Herr Dipl.-Ing. Walter Gaigg und Frau Mag. Theresia Geiger vom Leopold Stocker Verlag für die Beschaffung der Bilder und die verständnisvolle Betreuung.